国語科重要教材の授業づくり

たしかな教材研究で読み手を育てる

「お手紙」の授業

実践国語教師の会 監修
立石泰之 編
星野直樹 著

JN162686

明治図書

はじめに

今、日本の教育は激動の時代にあります。知識基盤社会化、グローバル化に対応すべく、世界に照準を合わせた教育改革が行われ、未来に生きる子どもたちの資質・能力の育成に向けて様々な政策が打ち出されています。学校現場では、新たな教科等の実施やＩＣＴ教育設備の活用など、従来の授業のあり方の見直しが求められています。

しかし、どんなに教育を取り巻く状況や授業の方法が変化しても変わらないものもあります。それは、学習者としての「子ども」、指導者としての「教師」、両者を関わらせる学習内容としての「教材」という三つの要素が授業の成立には不可欠だということです。

そして、子どもたちが主体的に学習する原動力となるのは、やはり課題意識です。教科の本質や内容に迫る子どもたちの問いをいかにしてつくり出すか、教師の力が問われています。

では、どのようなものが価値ある問いであり、その問いをつくり出させるために教師は何をすればいいのでしょうか。

それには、まず何よりも教師の教材を分析する力が必要です。授業を構成する要素である教材を分析し、その「価値」を教師が見出すことができなければ、授業の中で子どもたちに気付かせたり、考えさせたりすることはできません。

現在、使用されている国語の教科書には、長い間掲載されてきた文学教材が数多くあります。

なぜ、これらの文学教材は、多くの教師や学校現場で支持され続けてきたのでしょうか。それは、その教材で子どもたちを学習させる「価値」を多くの教師が感じてきたからに他なりません。そして、多くの先達が、その「価値」に子どもたちを迫らせるための読ませ方を研究・実践してきました。

本シリーズでは、そのような教材を国語科における「重要文学教材」と位置付け、教材分析・解釈を通してそれらの教材の「価値」に迫るとともに、どのようにしてその「価値」に迫る読み方を子どもたちにさせていくか、授業づくりのステップに合わせて構成しています。

本シリーズは、基本的に次のような三つの章で成り立っています。

第一章　教材を分析・解釈する力を高めよう
第二章　指導方法を構想する力を高めよう
第三章　板書と思考の流れで展開がわかる授業

本シリーズを読み、読者のみなさんにもいっしょに考えていただくことで、今後の授業づくりの一助になれば幸いです。

立石　泰之

目次

第3章　板書と思考の流れで展開がわかる　実践！「お手紙」の授業

〈注〉本書で使用している教科書は、すべて、平成27年度版光村図書二年下です。

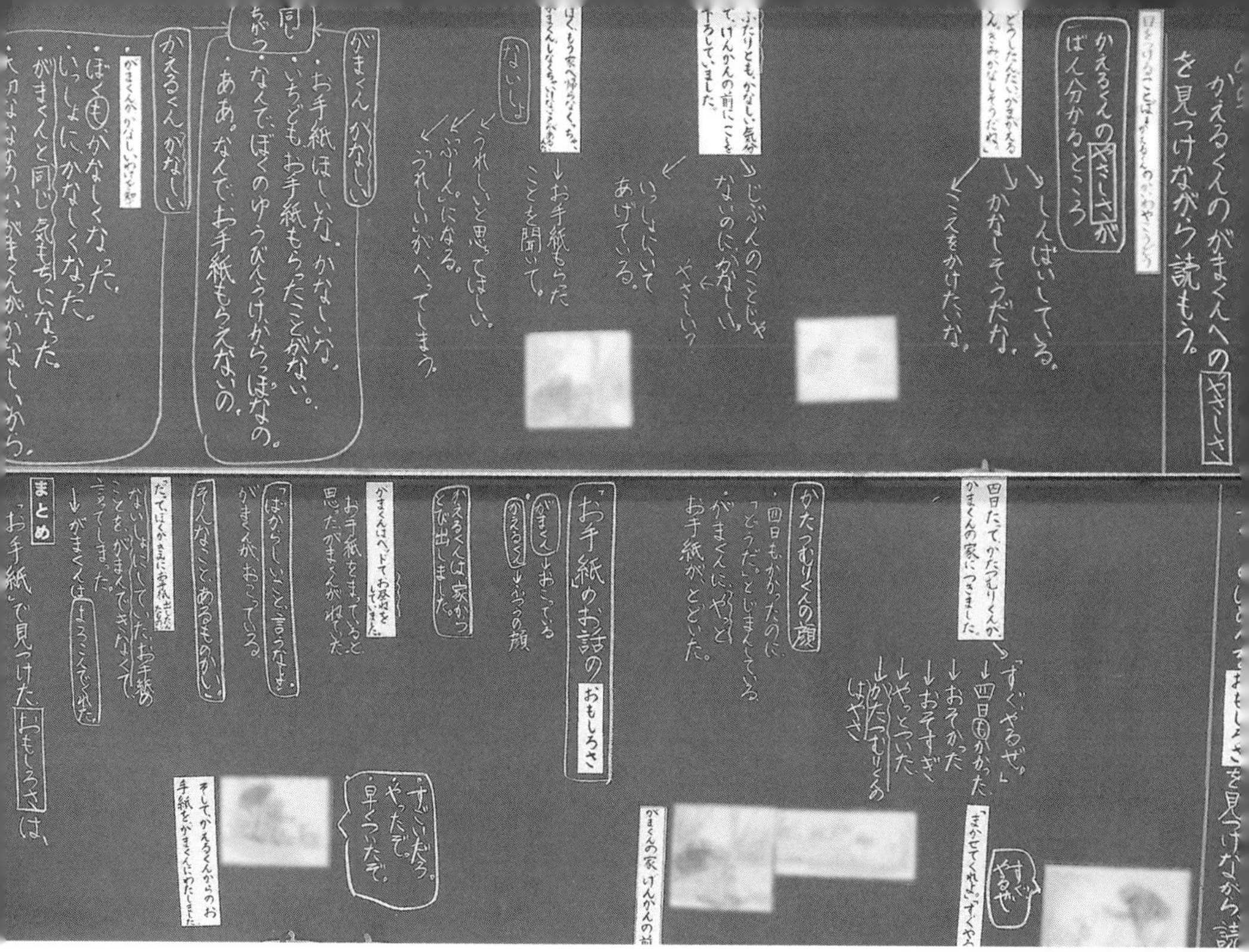

第１章

教材を分析・解釈する力を高めよう

1

読者として教材と出合おう

教材研究とは、**「教材の分析・解釈」**と**「指導方法の構想」**のことです。指導方法を構想していくためには、何よりもしっかりとした教材の分析・解釈が重要です。

私たち教師は、授業を計画する際に、まず指導すべきこと、教えるべきことは何かを探しがちです。手っ取り早いのは、教科書の指導書を開くことでしょう。指導書を見れば、単元だけでなく、一単位時間の目標もすぐにわかります。また、教材の中の重要な語句やその意味までも解説してあり、大変便利です。十分に教材研究されている指導書に書いてある指導案通りの授業を行っていくことで、指導者としては安心することができます。

しかし、そのような授業を積み重ねていくことは、授業づくりにおける多くの弊害を生み出しかねません。

第一に、子どもたちが授業を楽しいと感じなくなります。一体、なぜでしょう。

それは、指導者の目線で授業がつくられているからです。指導者の目線でつくられた授業は、誘導的になりがちです。子どもたちに「言わせよう」「気付かせよう」とするあまり、結果的に子どもたちが自分の解釈について考えるのではなく、指導者の頭の中にあることばを言い当てることに躍起になってしまうことがしばしばあります。そうなると、少数の理解できる子だけが発言する授業になってしまいがちです。

第二に、「何を指導すべきか」から始まる教材分析を行っていくと、物語を読む読者の心の動きや感動を感じにくくなります。

教科書に掲載されている物語の多くは、教材にするために書かれたものではありません。文学は、私たち読者に読むことを通して、他者と出会わせ、自己を見つめさせ、人間の本質を感じ取らせます。教室の子どもたちもまた、教材として文学と出会い、読者として心を動かされています。そして、学習へと突き進む原動力を得るのです。その心の動きを理解することこそ、学習者である子どもたちの目線で授業をつくる力へとつながっていきます。

▲指導者として出合う
文学の教材研究のスタート

▲読者として出合う
文学の教材研究のスタート

第三に、教科書の指導書任せの教材研究を続けていくことで、指導者自身の教材を分析・解釈する力を高められなくなります。

文学的な文章は、すべてのことばがつながり合い、響き合って、物語の世界を読者の頭の中に描き出します。物語を読んで生まれた一つの感情やイメージは、いくつもの文章中のことばがつながって生まれたものです。指導者自身が一人の読者として物語と向き合い、自分の中に生まれた感情やイメージがどのことばから生まれてきたものかを考え、その理由を考えていくことこそが教材を分析・解釈する力へとつながっていくのです。そうすれば、教科書の指導書に載っている重要な語句が挙げられている理由もわかるようになりますし、指導書に頼らなくても指導者自身で見つけられるようになっていきます。

教材研究のスタートは、まず一人の読者として作品を読んでみましょう。そして、心に感じたことの根拠と理由を作品の中に探していきましょう。

2 教材「お手紙」を読み解こう

まず、「お手紙」を読んでみましょう。
指導者として、解説付きの教材文を読むのではなく、一人の読者として物語「お手紙」を読みます。あなたの心にどんな感情やイメージが浮かんできましたか。

「お手紙」を読むと、多くの読者の心の中に「温かい気持ちになった」「うれしくなった」という感情が湧き上がってきます。あるいは、「くすっと笑ってしまった」という感情を抱いた人もいるでしょう。このことは、大人だけでなく、学習者である子どもたちも同じです。初めて「お手紙」を読んだ子どもたちの感想の一部をご紹介します。

Ⓐ「お手紙」を読んで、とても心があたたかくなりました。それはどこかというと、お手紙をもらったことがないがまくんに、かえるくんからのお手紙がとどいたところです。かえるくんは、とてもやさしいなと思いました。

Ⓑ一ばん心にのこったところは、かえるくんががまくんにお手紙を出したところがすごくよかったです。はじめ、がまくんはかなしそうな顔をしていたけど、さいごに、え顔になったところが

かんどうしました。

Ⓒ　かたつむりくんが四日かけて、がまくんの家についたところがおもしろかったです。わけは、ふつうは四日もかからないからです。

Aの感想を書いている子は、かえるくんからのお手紙ががまくんに届く最後の場面を読んでかえるくんの優しさを感じたようです。また、Bの感想は、がまくんの様子を物語の始めと終わりで比べて、「がまくんが笑顔になってよかった。」と人物の変容をとらえています。Cを書いた子は、かたつむりくんの行動や手紙が届くまでの時間の長さにおもしろさを感じ取っています。

「お手紙」を読み終えた後に感じる優しさやおもしろさの混じったほのぼのとした感じ、がまくんとかえるくんの間にある互いを思いやる心の通い合いへの感動が、その後に物語を読んでいく原動力となっていきます。

いかがでしょうか。初めて「お手紙」を読んだ二年生の子たちも私たち大人と変わらないような感想を持っていると思いませんか。年齢や読書経験が違うのに同じような感想をもつのはなぜでしょうか。それは、作品の中に私たち読者にそう感じさせる「しかけ」があるからなのです。

では、なぜ多くの読者の中にこのような優しさやおもしろさのような感情が湧き上がってくるのか、そのひみつについて教材を分析・解釈していきましょう。

アーノルド＝ローベルの作品である「お手紙」が初めて教科書に掲載されたのは、昭和五十五年。今から四十年ほど前のことです。長い間、人々に愛され続けてきたこの物語は、現在では、光村図書二年下、東京書籍二年上、教育出版一年下、学校図書二年下、三省堂二年というように全ての小学校国語教科書に採用される教材となりました（平成27年版発行教科書に基づく）。

「お手紙」は、アーノルド＝ローベルが書いた『ふたりはともだち』という本に納められた一つの物語です。「がまくんとかえるくん」シリーズには、どの作品にも「がまくん」と「かえるくん」が登場し、二人の関係性を通して物語が展開します。

「お手紙」は、簡単に言えば、お手紙を一度ももらったことがないがまくんのために、かえるくんが手紙を書いて、かたつむりくんに届けてくれるように頼み、その手紙が、がまくんに届くという物語です。「お手紙」が、なぜわたしたち読者の心に優しさや温かさ、おもしろさを感じさせるのか―、そのひみつを探っていきましょう。

(1)「お手紙」の中心人物はだれかを考えよう

物語を読むときには、まず物語の舞台や中心人物像などの「設定」を読むことが大切

になります。では、「お手紙」の場合、中心人物はがまくんとかえるくんのどちらでしょうか。
まずはそこから考えてみましょう。

「お手紙」のようにシリーズの中の一つの物語である場合、人物の設定や人間関係などが明確に説明されない場合があります。それは、シリーズの最初の物語で説明されていたり、同じシリーズの物語をいくつも読んでいることを前提として話が展開したりするためです。

「お手紙」の場合、最初に登場するのはがまくんであり、そこへかえるくんがやって来るように描かれます。物語に対して何も予備知識のない読者にとっては、がまくんを中心人物ととらえ、かえるくんとはどのような関係なのかが分からないまま読み進めていくことになります。誰を中心人物にとらえて読み進めていくのかは、読者が物語を読み深めていくうえでとても重要なポイントです。授業づくりにおいても単元を通した課題の設定につながってくる点です。

そこで、がまくんとかえるくんのどちらを中心人物だととらえるのか、「人物の変容」「語り手の視点」「物語の展開に関わる人物の行動」の三点から分析してみましょう。

●どちらの人物が変容しているか？

「お手紙」で変容したのは、がまくんとかえるくんのどちらでしょうか。

実は、二人とも変容しています。物語の最初の場面では二人とも悲しい気分で玄関前に腰を下ろしていて、最後の場面では二人ともとても幸せな気持ちで座っています。

しかし、がまくんとかえるくんの変容とその変容をもたらした理由がそれぞれ異なることに気付きます。例えば、物語の設定場面の心情で、がまくんが「かなしい」理由は「お手紙を一度ももらったことがない」からであると明確ですが、かえるくんが「かなしい」理由にあたる直接的な叙述はありません。同様に、変容後のがまくんが「とてもしあわせ」になった理由は、「かえるくんからのお手紙が届くことを知り、またその文面に感動した。」などのように読み取ることができますが、かえるくんの変容の理由は、はっきりとは描かれておらず、叙述や挿絵を手がかりに読み手が想像することになります。

「人物の変容」からだけでは、「お手紙」における中心人物の確定は、難しい感じがしますが、物語の場合、人物の心情がはっきりと描かれていないからこそ、読み手の想像力が刺激され、その人物の思いへの関心が高まることがあります。「お手紙」を読むと、多くの読み手は、どちらかと言えば、かえるくんの思いへの関心の方が高くなるのではないでしょうか。

●語り手はどちらの人物に寄り添って語っているか？

では、語り手はどちらの人物に寄り添って語っているのでしょうか。

人物の会話によって物語が展開する「お手紙」の場合、語り手は「がまくんが」「かえるくんが」と三人称で語り、「言いました。」「すわっていました。」のように、物語の世界を客観的に語っているように思えます。しかし、「ふたりとも、かなしい気分で」「ふたりとも、とてもしあわせな気もちで」というように、場面によっては、がまくんとかえるくん、両者の心の中を語ることもできるようです。

では、物語全体においては、どちらの視点に寄り添っている方が多いでしょう。本文の叙述に基づくならば、かえるくんといえます。かえるくんが家に大急ぎで帰り、がまくんへの手紙を書く場面では、がまくんは一度も登場せずに終始かえるくんの行動に寄り添って物語が展開していきます。また、かえるくんが、がまくんにお手紙を待とうと何度も話しかける場面では、「かたつむりくんは、まだやって来ません。」というように、窓の外を気にするかえるくんの視点に寄り添って語られています。

このように、物語全体では、語り手はかえるくんにやや寄り添って語っていることが分かります。

●どちらの人物が物語の展開に関わる行動をしているか?

さらに、物語の中でどちらの人物が物語の展開に関わる行動をしているかについて考えてみます。そうすると、がまくんの場合は、玄関の前に座り、昼寝をするというやや受け身の行動

	かえるくん	がまくん
人物の変容	「かなしい，ふしあわせ」 →「とてもしあわせ」 ・変容の理由は明示されない。 →読み手の関心が高まる。	「かなしい，ふしあわせ」 →「とてもしあわせ」 ・変容の理由は分かりやすい。
語り手の視点	・がまくんに手紙を書き，かたつむりくんに届けるように頼む様子が描かれている。 ・「まだやって来ません」かたつむりくんを待つかえるくんの視点に近い。 →語りの視点が寄り添っている。	・かえるくんが手紙を書く場面でのがまくんの様子は語られない。 →語りの視点が寄り添っていない場面がある。
物語の展開に関わる人物の行動	・がまくんへ手紙を書いた。 ・かたつむりくんに手紙を届けてくれるように頼んだ。 →能動的に行動する。	・玄関の前に座って手紙を待っていた。 ・昼寝をした。 →受動的に行動する。

どちらが中心人物かについての三つの観点からの分析

の様子が見られます。一方、かえるくんは、がまくんへの手紙を書き、かたつむりくんに届けてくれるように頼み、がまくんの家に戻って一緒に手紙を待つなど、積極的な行動を取り、物語の展開に大きな影響を与えています。

これらのことから、「お手紙」の場合の中心人物は「かえるくん」であると言えます。

「がまくんとかえるくん」シリーズのように、物語ごとに中心となる人物が変わる場合には、それぞれの物語の中で、語りや人物の行動などから中心人物を検討する必要があります。

（2）中心人物「かえるくん」の人物像を読もう

「お手紙」の中心人物であるかえるくんの人物像について考えてみましょう。シリーズになっている物語など、人物の設定が明示されない場合、登場人物の人物像については、周囲との関わりから読み取っていくことになります。

初めて「お手紙」を読むと、かえるくんに対して「優しい」「親切」「思いやりがある」人物だと感じます。また、「おっちょこちょい」なところがある人物という読み方をする読み手もいるようです。かえるくんのどんな行動や会話が、読み手にそう感じさせるのでしょうか。

●かえるくんを「優しい」と思うのはなぜ?

「お手紙」を読んで、多くの読み手は、かえるくんのことを「優しい」と感じます。かえるくんの優しさについて、その言動から見てみましょう。

【友達の喜びや悲しみに共感する心】

物語の冒頭、がまくんが玄関に座っていますが、読み手はなぜがまくんがそうしているのかの理由が分かりません。かえるくんが、悲しそうな表情をしているがまくんに気付き、話しかけます。がまくんの返答によって、かえるくんと読み手は、がまくんが「お手紙を待つ時間が悲しい」「一度もお手紙をもらったことがない」「毎日郵便受けが空っぽである」という悲しい気持ちになっている理由を知ります。理由を知った読み手の前で、かえるくんは「かなしい気分」でがまくんと一緒に「こしを下ろし」ます。そのとき、読み手は二人がすごく親しい関係であることを知るとともに、がまくんの悲しい気持ちを自分のことのように感じて、相手に寄り添おうとするかえるくんの優しさを感じ取ります。

そして、この場面が伏線となって、最後の場面で二人が「とてもしあわせ」な気持ちで座っている場面でも、がまくんの幸せを喜ぶかえるくんという読み方につながっていきます。

【友達を喜ばせようと行動する心】

かえるくんは、がまくんに手紙を書くことを告げずに、「しなくちゃいけないことがある。」と言って家へ帰ります。なぜ、話さないのでしょうか。その後のがまくんに手紙を書いたことをなかなか話そうとしないかえるくんの行動から考えると、「がまくんを驚かせたい」「がまくんに喜んでほしい」というような思いが伝わってきます。サプライズプレゼントをした・された経験がある人なら経験的に分かるでしょうが、予想もしない場面で欲しかったものを贈られると、喜びも倍増する感じがします。

「優しい」かえるくんの人物像
友達の喜びや悲しみに共感する心
最初と最後に玄関前でがまくんと一緒に座る姿
友達を喜ばせようと行動する心
手紙を書いて大急ぎで行動する姿
友達と喜びを共有したいと願う心
がまくんの家に戻り熱心に説得する姿
友達の存在を大切にする心
がまくんに書いた手紙の文面

また、かえるくんは「大急ぎで」家に帰り、手紙を書くと、家から「とび出し」ます。かえるくんが手紙を書く場面では、「―帰りました。」「―見つけました。」「―書きました。」「―入れました。」のように、語尾が「ました」で統一された短文が連続して並べられ、文章にテンポを生み出し、かえるくんの勢いを感じさせます。なぜ、そんなに急ぐのでしょう。それは、悲しい気持ちでいるがまくんを一刻も早く喜ばせたいからに他なりません。がまくんに喜んでほしい気持ち一心で、行動する様子がイメージされます。

そして、かえるくんは、書いた手紙を自分でがまくんに渡さずに、かたつむりくんに届けてもらうようにします。かえるくんは、おそらくがまくんの望む形で、郵便屋さんに手紙を届けてもらおうと考えていたのですが、早く届けたいという思いから、そこにいたかたつむりくんに手紙を託したのでしょう。

【友達と喜びを共有したいと願う心】

かえるくんは、かたつむりくんに手紙を渡した後に、自分の家に帰らずに、真っ直ぐ「がまくんの家へもどり」ます。この行動からは、どんなかえるくんの思いが読み取れるでしょうか。おそらく、がまくんの喜びの瞬間に自分も立ち会いたいと考えたのだと考えられます。

放っておいても、郵便受けに手紙が入っていれば、がまくんはいずれ気付いて喜んでくれるでしょう。しかし、かえるくんは、がまくんに手紙を受け取る瞬間の喜びを感じてもらいたいのです。だからこそ、がまくんの家で、かたつむりくんが来るのを窓から見て待ちます。窓の外の郵便受けは、かえるくんの位置からたまたま見えたのではなく、それを見ることを目的に窓辺へ行って窓の外を見るのです。窓から身を乗り出さんばかりの様子の挿絵をどの教科書も掲載しており、その挿絵からもかたつむりくんを探すかえるくんのイメージが具体化されます。そして、ふてくされたように昼寝をして、何度も拒絶するがまくんに対して、「もうちょっとまってみたらいいと思うな。」「ひょっとして、だれかが、きみに……」「きょうは、だれかが、きみに……」と、起きて手紙を待つように粘り強く促し続けるのです。

【友達の存在を大切にする心】

かえるくんが、がまくんに書いた手紙の文面からも友達を思う心が伝わってきます。「親愛なる」ということばは、手紙の書き出しの挨拶としての「Ｄｅａｒ」の訳語です。相手に対して「親しみと愛情をもっている」という意味で、あまり子どもたちには馴染みのないことばなので、解説を加えてやる必要があるでしょう。

「ぼくは、きみがぼくの親友であることを、うれしく思っています。」という一文には、互いに心を許し、信頼し合う存在である「親友」ということばがあります。子どもたちには、教師がことばで説明するよりも、子どもたちの経験やイメージから、「一番の仲良し」のように、どんな存在なのかを説明させていった方が、共通理解しやすいでしょう。

そして、文中には「親友である」と断定の助動詞があり、そのことが「うれしい」とかえるくんは述べています。これは、相手の存在を対等な関係として認め、自分をプラスの感情にしてくれることを伝えているもので、相手に喜びを感じさせる表現になっています。また、文末で「思っています。」と丁寧語で語りかけており、気の置けない友達でありながら、手紙の中では相手を尊重した言葉遣いをすることからも、がまくんのことを大切に思っている気持ちが伝わってきます。

最後に、「きみの親友、かえる」ということばが出てきます。英語で友人に手紙を書く場合の結びで、友人への親しみを込めて「Your friend, Naoki（あなたの友、直樹）」と表現することがありますが、「お手紙」の原作では「Your best friend, Frog.」と、あえて「best」を付けて、最高に信頼し合える友人であることを強調して結んでいることが分かります。

●かえるくんを「おっちょこちょい」と思うのはなぜ?

かえるくんの人物像を「優しい」だけでなく、「おっちょこちょいだなあ。」とその言動におもしろさを感じる読み手もいるでしょう。どこからそのようなイメージが生まれてくるのでしょうか。その要因として、大きく二つのかえるくんの言動が考えられます。

【かたつむりくんに手紙を託す】

かえるくんは、がまくんへの手紙を届けてくれるように、かたつむりくんに頼みます。この点について、初読時にはかえるくんの行動を不思議に感じる読み手はあまりいないかもしれません。それは「知り合いのかたつむりくん」だからです。「大いそぎで」家に帰って、手紙を書いたかえるくんは、家から「とび出し」、その勢いで偶然「知り合い」に会いました。そして、迷いなく「かたつむりくん。」と呼びかけるのです。読み手は、がまくんを喜ばせるために行動するかえるくんを応援するような気持ちで読んでいます。まさ

「おっちょこちょい」な
かえるくんの人物像
かたつむりくんに
手紙を託す
「知り合い」なのに…
急いでいるのに…
手紙を出したことと
その内容をがまくんに話す
内緒にしていたのに…
受け取って読む喜びを
味わってほしいのに…

か、かえるくんが「知り合い」であるかたつむりくんの進むスピードを考えていない（知らない）なんて思いもしないのです。そこが、「お手紙」における最後の意外な展開へとつながっていきます。

再読時になると、結末を知っている読み手は、「ああ、かえるくん、かたつむりくんに頼んじゃってるよ。おっちょこちょいだなあ。」と、かえるくんの行動を評価するような読み方へと変わります。

なかには、「かえるくんは、かたつむりくんが遅く到着することを知っていて、がまくんとの幸せな時間を過ごすために、わざと頼んだのではないか」と考える読み手もいるようです。しかし、かえるくんはがまくんの家に戻ってすぐに、「まどからゆうびんうけを見ま」す。そして、その行動を三回も繰り返し、「まだ」来てないと、かたつむりくんを待っているのです。そこからも、すぐにかたつむりくんが持ってきてくれることを期待しているかえるくんの様子がうかがえます。

再読時には、何度も窓の外を見てかたつむりくんを待つかえるくんの姿に、「ああ、まだ気付いてないよ。かたつむりくんはまだ着かないのに。もしかすると、進むのが遅いことを知らないのかなあ。」と感じる読み手も少なくないでしょう。

【手紙を出したこととその内容をがまくんに話す】

かえるくんの言動におもしろさを感じるもう一つの理由が、がまくんにこれから渡す手紙の内容まで話してしまうことです。かえるくんは、物語の最初から「しなくちゃいけないことが、あるんだ。」と言って、がまくんに内緒にして手紙を書いています。そして、自分から直接渡さずに第三者から手紙が届けられるように仕組みました。そして、手紙が届くことを伏せたまま、「手紙をまってみたら」と、がまくんに粘り強く何度も促します。そこまでがまくんのために努力していることを知っている読み手は、心の中でかえるくんを応援するでしょう。

しかし、かえるくんは、がまくんに「来やしないよ。」と言われて、「だって、ぼくが、きみにお手紙出したんだもの。」と言ってしまうのです。その瞬間、読み手は、「ああ、言っちゃったよ、かえるくん。」と、かえるくんの「作戦」が失敗に終わったことに落胆するでしょう。

そして、その後のかえるくんの言動に読み手はさらに驚かされることになります。「なんて書いたの。」とがまくんに問いかけられて、迷う様子もなく「ぼくは、こう書いたんだ。」と書いた内容まで話してしまうのです。「え、がまくんにお手紙をもらう喜びを味わわせようと、あんなにがんばったのに、内容まで話しちゃって大丈夫なの?」と、読み手はその場の勢いで話しているようなかえるくんの言動に戸惑いを感じてしまうことでしょう。

結果的にかえるくんの「おっちょこちょい」と思われる言動は、物語のハッピーエンドへとつながる重要なポイントになります。この「怪我の功名」が、読み手の感じる「お手紙」のおもしろさへとつながっています。

(3) 対人物「がまくん」の人物像を読もう

中心人物であるかえるくんの人物像について考えてきましたが、中心人物の変化は、影響を与える人物(対人物)との関わりの中でもたらされます。「お手紙」の場合の対人物であるがまくんについて考えてみましょう。

子どもたちに、「がまくんはどんなかえるですか。」と尋ねると、「一度もお手紙をもらったことがなくて悲しんでいる。」「とてもお手紙を欲しいと思っている。」という叙述からどのような状況に置かれている人物であるかといっしょに、その人物の特性に関するイメージ、「あきらめやすい」「自分勝手」など自己中心的な人物像が出されます。がまくんのどの言動が、読み手にそのような人物像をイメージさせるのでしょうか。

●がまくんは自己中心的?

読み手は、なぜがまくんに対して「わがまま」「自己中心的」というイメージをもつのでしょうか。がまくんの言動から考えてみましょう。

読み手が、がまくんに対して苛立ちのような感情を抱くのは、手紙を書いたかえるくんが、がまくんの家に戻り、「お昼ね」をしているがまくんに、手紙を待つように促す場面でしょう。何度も熱心に語りかけるかえるくんに対して、がまくんは「いやだよ。」「そんなこと、あるものかい。」「ばからしいこと、言うなよ。」などと言い返します。この受け答えから、読者はがまくんを思って行動するかえるくんをがまくんが大切にしていない感じを受けます。「やさしい」かえるくんとの対比から、がまくんの「わがままな部分」「意固地さ」が際立って感じられます。これらのことから、がまくんに「自己中心的」だというイメージが湧いてくるのです。

しかし、これは語り手の視点が、かえるくんに寄り添っていることから、読み手の中に生まれてくるイメージだと考えられます。がまくんは、かえるくんの思いを知らないのです。

また、すぐに手紙を書くことを思いついたかえるくんと比べて、「がまくんも自分から手紙を書いて出せばいいのではないか。そうすれば返事がもらえるのに。どうして自分がもらうことばかり考えるのか」と考える読み手もいるかもしれません。確かに、手紙のやりとりを経験したことがあれば、そのような考えも浮かんでくるでしょう。お手紙をもらったことがないと話すがまくんに「いちども かい。」と聞き返したことから、かえるくんには手紙をやりとりした経験があることが読み取れますが、がまくんにはそのような経験がないために、そこまで思いが及ばないのではないかと予想できます。

●がまくんの視点から考えると?

物語をがまくんの視点から見てみましょう。

がまくんは、いつからお手紙を待っていたのでしょうか。

「今、一日のうちのかなしい時なんだ。」「そうなると、いつも」「毎日」という表現から、かえるくんが訪ねてくるずっと前から手紙を待ち続けていたことが分かります。毎日、郵便屋さんが来る時間帯には、「げんかんの前」に座って「空っぽ」の郵便受けを見ながら、一日のうちで悲しく、「とてもふしあわせな気もち」になる「お手紙

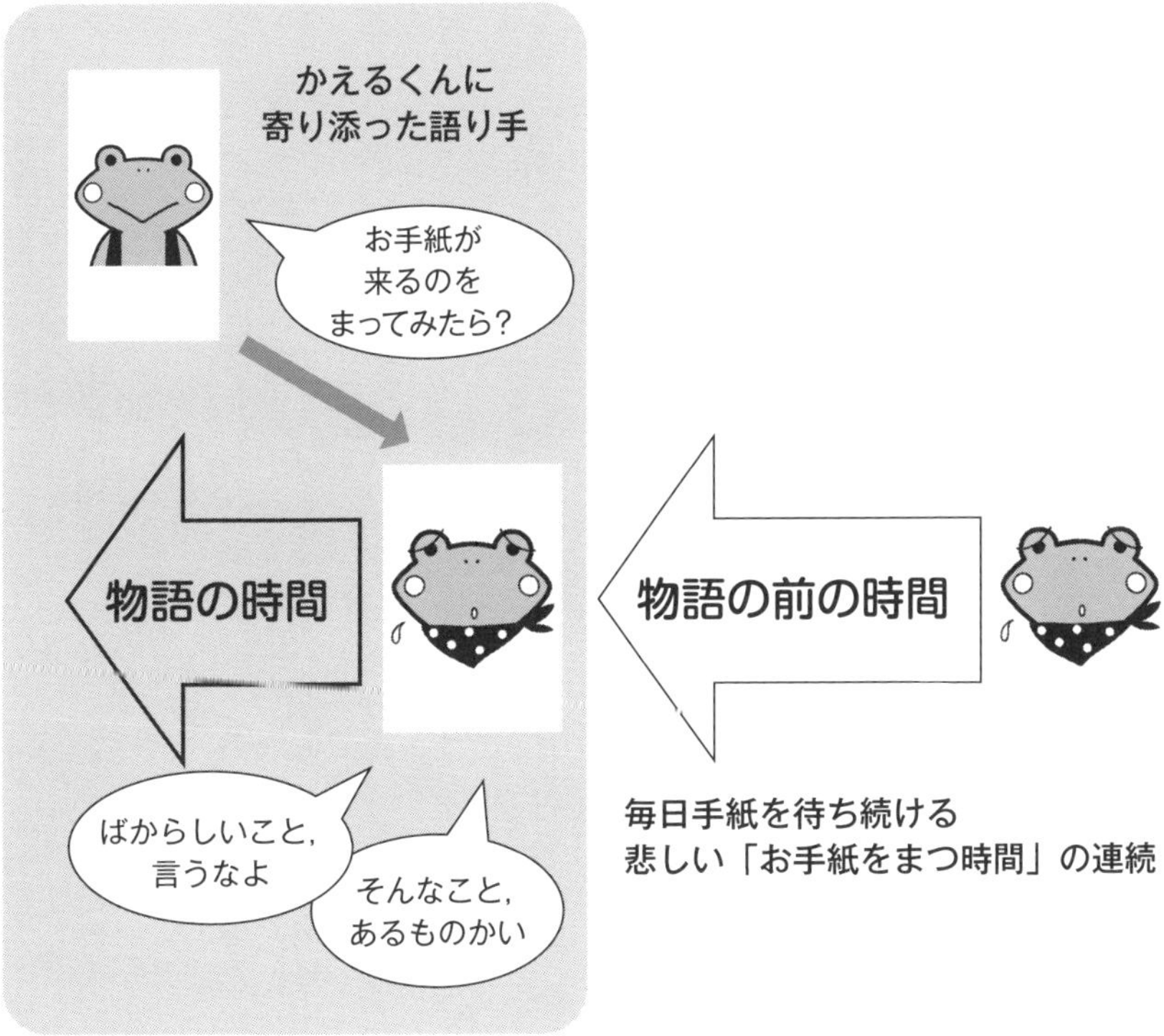
かえるくんに
寄り添った語り手
お手紙が
来るのを
まってみたら?
物語の時間
物語の前の時間
ばからしいこと,
言うなよ
そんなこと,
あるものかい
毎日手紙を待ち続ける
悲しい「お手紙をまつ時間」の連続

をまつ時間」をがまくんは過ごし続けてきました。きっと毎日、「今日こそは手紙が届いてほしい」と願いながら待っていたのでしょう。しかし、手紙は届きません。そして、「だれも、ぼくにお手紙なんかくれない」と考えていたのでしょう。

そしてある日、「お手紙をまつ時間」にがまくんが悲しい気分でいたところ、やって来たかえるくんに「どうしたんだい。」と声をかけられたのです。かえるくんに悲しい気持ちの理由を話しているうちに、がまくんの悲しさは、より増してきたのかもしれません。その後、かえるくんは、がまくんに帰らなくてはいけないと言って、家に帰ってしまいます。かえるくんが家に帰った理由を知らないがまくんは、今日もお手紙が来なかったと落ち込み、家のベッドに入って「お昼ね」をしてしまいます。「ぼく、もうまっているの、あきあきしたよ。」ということばからも分かるように、がまくんが「お昼ね」をするのは、眠たいからではなく、お手紙が来ないことへのあきらめやなげやりになった気持ちからなのでしょう。

そんながまくんに、戻ってきたかえるくんが言うのです、「お手紙をまってみよう」と。しかし、がまくんは、かえるくんの誘いを頑なに拒否します。それもそうでしょう。かえるくんが知らないこれまでの長い時間、がまくんはずっと期待しては裏切られ続けてきたのです。今日その事実を知ったばかりのかえるくんに「誰かが手紙をくれるかもしれない。」と言われても、「そんなこと、あるものかい。」と言いたくなるのは当然です。

がまくんとかえるくんの人物像に対して読み手が抱くイメージの違いは、語り手の視点による影響が大きいと思われます。がまくんの悲しい気持ちを考える際には、物語以前にがまくんが「お手紙をまつ時間」をどんな思いで過ごし続けたのかを想像する必要がありそうです。

「お手紙」は、「がまくんとかえるくん」シリーズの中の一つの物語です。このようなシリーズの場合、物語によって読み手にイメージされる人物像が若干異なる場合があります。シリーズになっている物語を扱う場合、シリーズ全体を通した人物像を考えたり、他の物語との人物像の違いを考えたりするなどの活動を設定することも可能です。

(4)「かえるくん」と「がまくん」の変容を読もう

かえるくんとがまくんの人物像を考えたら、次に その変容について考えてみましょう。どこで変わったのか、どのように変わったのか、なぜ変わったのかという観点から、物語を読み直してみましょう。

先述したように、「お手紙」では、かえるくんとがまくん、どちらの人物にも変容が起きます。二人がそれぞれどのような変容をしているのかを考えてみましょう。

●がまくんの変容とは？

物語の冒頭から「ふしあわせな気もち」で玄関前に腰を下ろしていたがまくんは、かえるくんから手紙のことを聞き、「しあわせな気もち」へと大きく変容します。何が、がまくんを変容させたのでしょう。がまくんの心の動きを考えてみましょう。

がまくんが「お昼ね」をしているところへ戻ってきたかえるくんが、がまくんに手紙を待つように促しますが、がまくんは頑なに三度拒みます。

しかし、「ずっとまどの外を見ている」かえるくんを見て、「不

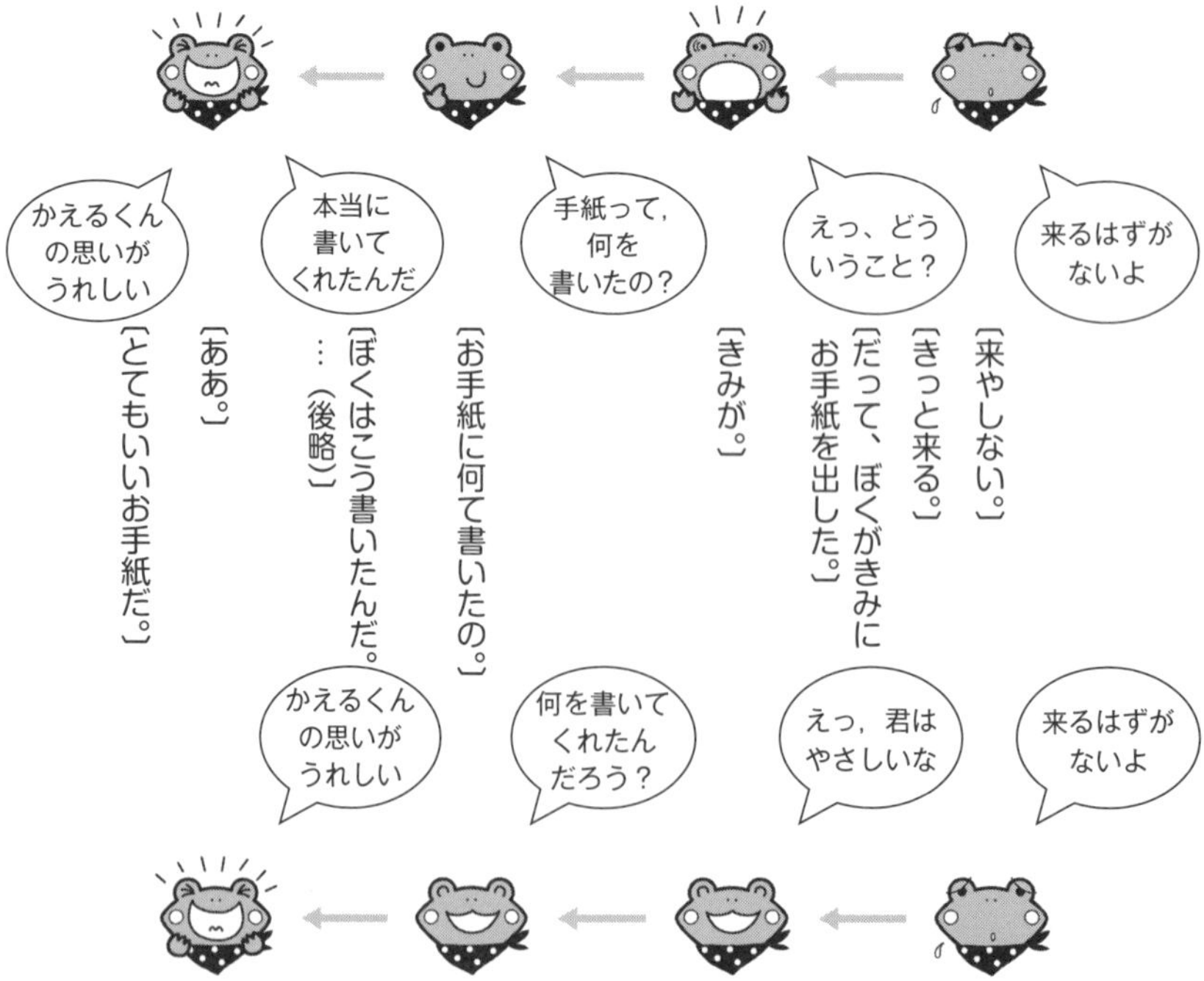

来るはずがないよ
えっ、どういうこと？
手紙って，何を書いたの？
本当に書いてくれたんだ
かえるくんの思いがうれしい
〔来やしない。〕
〔きっと来る。〕
〔だって、ぼくがきみにお手紙を出した。〕
〔きみが。〕
〔お手紙に何て書いたの。〕
〔ぼくはこう書いたんだ。……（後略）〕
〔ああ。〕
〔とてもいいお手紙だ。〕
来るはずがないよ
えっ，君はやさしいな
何を書いてくれたんだろう？
かえるくんの思いがうれしい

思議」に思ったがまくんは、「どうして。」と尋ねます。この問いかけの後で、「お手紙をまっている。」というかえるくんに対して、「来やしない。」とがまくんが再び否定することから、この時点では、まだがまくんのなかに手紙に対する期待は全くないようです。

そして、かえるくんの「ぼくが、きみにお手紙出したんだもの。」ということばに、「きみが。」と聞き返します。ここから二つの読み方が出てきます。

一つは、「きみが。」で意外性や驚きを強く感じて、「ああ。」でかえるくんからお手紙の内容を聞いて、手紙を書いてくれたことの実感が湧くとともに、かえるくんの思いを感じ取り、感動しているという読み方です。

もう一つは、「きみが。」でかえるくんに対して自分のために手紙を書いてくれたことに対する感動が生まれ、「ああ。」で手紙の内容から自分に対するかえるくんの思いを聞いて感動しているという読み方です。

どちらの読み方なのかで、がまくんの「お手紙に、なんて書いたの。」の音読の仕方は違ってくるでしょう。前者であるならば、驚きや興味深い感じで問いかけるでしょうし、後者では一度感動した後で、感謝の気持ちをもちながら静かに語りかけるでしょう。

ここで、大切な点は、がまくんは大きく二つのことに感動しているということです。がまくんは、「とてもいいお手紙だ。」と言っていることから、手紙の内容に対して感動していることは明らかですが、自分のことを思ってくれている「親友」であるかえるくんの存在に改めて気付いたことによる感動もあるのです。

そもそも、がまくんは、なぜ「お手紙」を欲しがっていたのでしょうか。どうやら単に「お手紙をもらった」という事実が欲しかったのではないようです。心の奥では、自分の知らないところで、自分のことを思って手紙を書いてくれる誰かがいる、そんな存在が欲しかったのではないでしょうか。そして、がまくんは改めてかえるくんの存在に気付くことができました。「かえるくんの存在がうれしい」というがまくんの思いは、その後の手紙が届いていなくても、「四日」の間、二人で「しあわせな気もちで」座っていたことからも感じ取れます。

●かえるくんの変容とは?

かえるくんも物語の中で「かなしい気分」から「しあわせな気もち」へと変容しますが、その理由はがまくんとは異なります。かえるくんの変容について考えてみましょう。

かえるくんは物語の冒頭から「かなしい気分」でいたわけではありません。それは、がまくんへのことば「きみ、かなしそうだね。」「そりゃ、どういうわけ。」のような言い回しやポケットに手を入れて笑顔で話しかける挿絵の様子から伝わってきます（東京書籍版にはその挿絵はありません）。最初はそうではなかったかえるくんが、がまくんの話を聞いて「かなしい気分」になったという点が大切です。そこにかえるくんの人物像が見えてきます。

二人で玄関前に腰を下ろしている間、がまくんは自分への手紙が来ないことを憂えていたのでしょうが、かえるくんは「がまくん、悲しいだろうな。ぼくが、何とかしてあげられないかな」と、がまくんの悲しさを思いやり、自分にできることを考えていたのでしょう。そのとき、かえるくんの中で、自分ががまくんに手紙を書いて送るというアイディアが浮かび、突然の「家に帰る」行動へとつながります。その後も、かえるくんはがまくんを喜ばせたい一心で行動します。

かえるくんががまくんに手紙の内容を話す場面では、再三のことばかけに応じてくれないがまくんに対して投げやりな気持ちではなく、やはりがまくんに喜んでほしいという気持ちで話したのでしょう。すると、がまくんが「ああ。」「いいお手紙だ。」と喜んでくれました。

このとき、かえるくんにとってうれしかったことは何でしょうか。かえるくんを「しあわせな気もち」にしたのには、いくつかの理由が考えられます。

まず、「悲しんでいたがまくんが元気になったこと」です。かえるくんにとって、悲しいのは親友のがまくんが悲しい思いでいることでしょう。そのがまくんが「しあわせな気もち」になったことは、かえるくんの安心や喜びにつながっていきます。

次に、「がまくんの役に立てたこと」です。かえるくんが一生懸命に努力したことで、大好きながまくんが元気になって喜んでくれました。そのことは、「がまくんの力になることができた」というかえるくんにの大きな喜びへとつながっていきます。

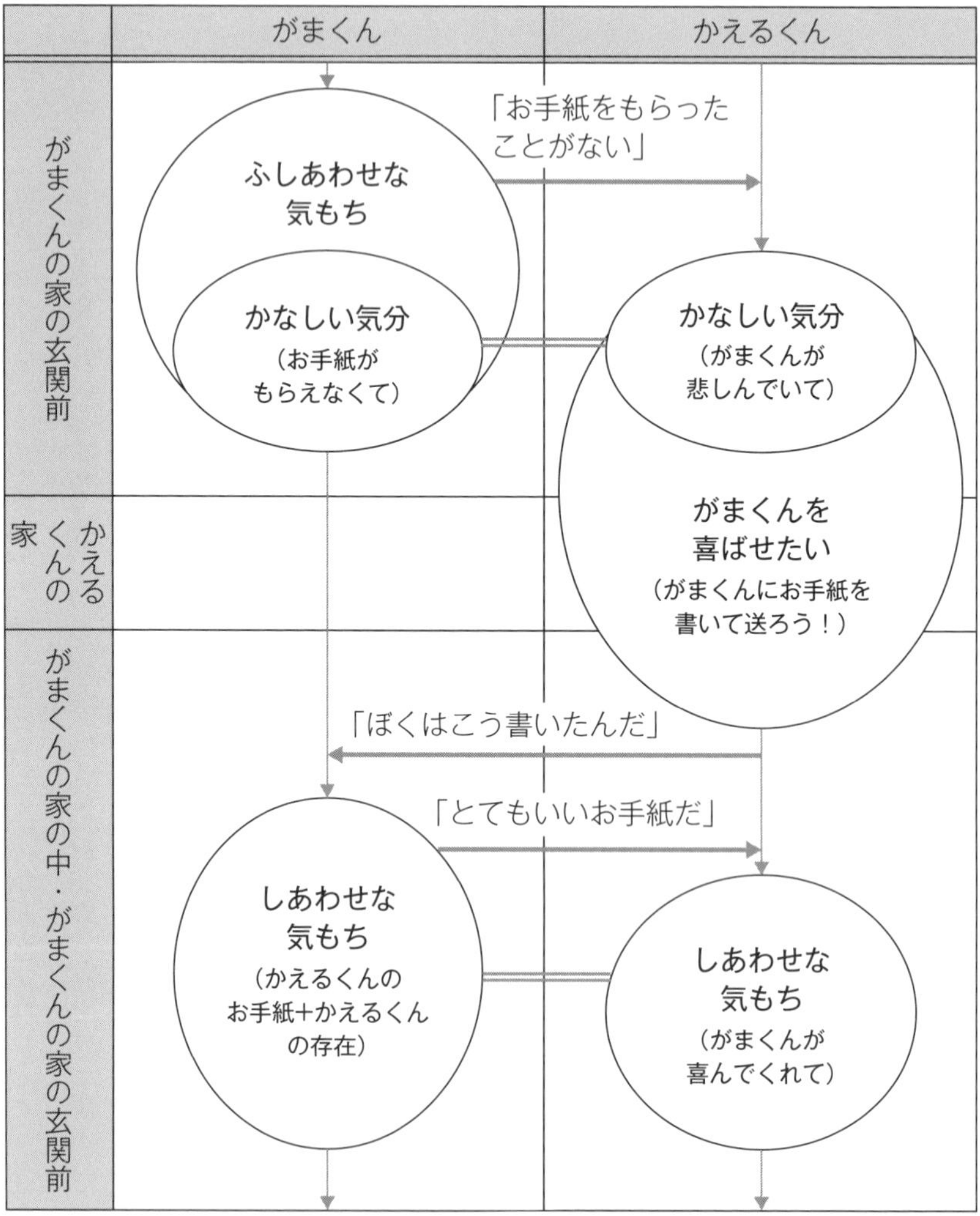

がまくんとかえるくんの変容の関係

最後に、「自分のがまくんへの思いがまくんに伝わったこと」です。誰も自分のことを思って手紙を送ってくれないと嘆くがまくんを見て、かえるくんは自分がどれだけがまくんのことを思っているのかを伝えたかったのかもしれません。その思いを託した手紙の内容を知って、がまくんが「しあわせな気もち」になってくれたことは、かえるくんにとって何よりうれしいことでしょう。

このように、「お手紙」の二人の変容は、物語の最初と最後で「がまくんの思い→かえるくんの思い」の順で起き、二重の構造になっていることが分かります。

（5）場面構成から読もう

これまで中心人物の変化、対人物について考えてきました。では、次に場面の構成について考えてみましょう。場面の構成を考えることで、それぞれの場面の役割が見えてくるとともに、作者の巧みな構成上の「しかけ」が見えてきます。

「お手紙」は、主に「場所」を手がかりに本文全体を大きく四つに分けることができます。

場面	場所	人物の行動や会話
第１場面	がまくんの家・玄関前	かえるくんが、悲しそうにしているがまくんの話を聞き、がまくんが一度もお手紙をもらったことがないことを知る。「ふたりとも、かなしい気分で、げんかんの前にこしを下ろして」いる。 （出来事の始まり）
第２場面	かえるくんの家・家の外	「すると」（時間の経過） 「ぼく、もう家へ帰らなくっちゃ」と、かえるくんが、大急ぎで家に帰り、手紙を書く。家からとび出し、書いた手紙を知り合いのかたつむりくんに渡す。 （行動の変化）
第３場面	がまくんの家	「それから」（場所の変化） かえるくんは、がまくんの家に戻り、手紙を待ってみようとがまくんに話しかける。がまくんは繰り返し断る。 かえるくんが、がまくんに手紙を書いたことを話してしまう。 「ふたりとも、とてもしあわせな気もちで」玄関に座っている。 （話の山場）
第４場面	がまくんの家・玄関前	「長いこと」（時間の経過） 二人はいっしょに手紙を待つ。四日たってかたつむりくんが着いて、がまくんが手紙を受け取る。 （出来事の解決）

●最初と最後の場面を対比すると？

「お手紙」には、似た挿絵が最初と最後にあります。一見すると、どちらが最初で最後の挿絵か分からないほどです。どちらもがまくんの家の前の玄関に二人がこしをトろして、庭の郵便受けを眺めています。実は、絵をよく見てみると、周りに生えている草花の葉の向きまで同じように描かれています。なぜ、あえてそこまで同じように描くのでしょう。

そこに見えてくるのは、「共通点の中に見える相違点」、「繰り返しの中の変化」です。私たちは、似ているものが並んでいると、「まちがいさがし」のようにその違いに目を向けます。

二つの絵で大きく違う点は、がまくんとかえるくんの様子です。

最初の場面の挿絵は、二人とも前で両手を組み、悲しそうな沈んだ表情をしています。

一方、最後の挿絵では、二人がお互いの肩に腕を掛け、二人とも幸せそうな笑顔で郵便受けを眺めています。叙述でも「ふたりとも、かなしい気分で、げんかんの前にこしを下ろしていました。」「ふたりとも、とてもしあわせな気もちで、そこにすわっていました。」と対比的に述べてあります。

郵便受けを眺めるという共通の行為をしている場面で、二人の内面が「悲しい」と「幸せ」で対比されて描かれていることで、読み手はそこに人物の変化を見いだし、二人の中で起きた「物語」について思いを巡らせるようになります。

三省堂のみ最後の場面が少し小さい挿絵になっていますが、どの教科書でも二つの場面の挿絵はほぼ同じ大きさで掲載されています。そこには、挿絵を使いながら、子どもたちの学習意欲を高めてもらいたいという教科書会社の編集の意図が見えてきます。

ちょっとしたことですが、この物語の挿絵には外国の郵便受けが描かれています。外国の郵便受けだからこそ、玄関前に座って眺めたり家の窓から見えたりする位置にあるわけです。子どもたちが日常見る郵便受けとはちょっと違うことを補足してやるといいかもしれません。

(6) 語りと表現の工夫を読もう

これまで中心人物や対人物の人物像とその変容、場面の構成について考えてきました。最後に、物語の中での語りや「しかけ」、表現の工夫について考えてみましょう。

●会話で展開する物語

「お手紙」は、かえるくんとがまくんの会話によって物語が展開します。語り手は誰が言ったことばなのかを述べてはいますが、それぞれの人物がどんな気持ちで話しているのかについては語りません。読み手は、場面の状況や会話の内容を理解し、会話の表現から、その人物の話している気持ちを想像する必要があります。そして、音読する場合には、人物の気持ちに合わせた抑揚や強弱をつけて読まなければなりません。

例えば、物語の最初に、がまくんとかえるくんが話をしている場面で、がまくんが言う「ああ。いちども。」の「ああ。」と、かえるくんが手紙の内容を話した後で、がまくんが言う「ああ。」は同じ表記ですが、音読すると全く違うはずです。

逆を言えば、音読の表現から、その読み手が、人物の気持ちをどのようにとらえているか、場面の状況や会話の内容を理解しているかを見取ることができるということでもあります。

「お手紙」の単元づくりについて教科書や先行実践で、「音読劇をしよう。」や「かえるくんとがまくんになって音読しよう。」といった活動例が多く見られるのはそのためでしょう。

また、語り手が述べる「……が言いました。」は、会話文と一対一の対応をしているわけではありません。

例えば、「でも、来やしないよ。」と話している主体は、その後に「がまくんが言いました。」と書いてあり、がまくんだと分かりますが、「ぼくは、こう書いたんだ。……(後略)」と話している主体は、その前に書いてある「かえるくんが言いました。」で示されています。

また、「きっと来るよ。」と話している主体を示している、その後の「かえるくんが言いました。」という一文は、その後の「だって、ぼくが、きみにお手紙出したんだもの。」の話し手を示す一文でもあります。同様に、「きみが。」の話し手を示している、その後の「がまくんが言いました。」は、その後の「お手紙に、なんて書いたの。」の話し手も説明していて、前後の会話文に係っているのです。

低学年の場合、誰が言ったことばなのかで混乱してしまうことも考えられます。会話文に印を入れるなどして、全体で確認しながら、場面の理解をさせていくことが必要でしょう。

●しかけ① 語り手の視点

「お手紙」における語り手の視点については、物語の中心人物を考える際に、少し触れましたが、人物に寄り添う語りはあまり多くありません。どちらかと言えば、かえるくんに寄り添った語りになっていますが、場面によっては、語り手とかえるくんの「距離」が変化していきます。

最初の場面でがまくんと悲しい気分で玄関前に腰を下ろしていたかえるくんは、突然、「しなくちゃいけないことがあるんだ。」と言って家に帰ります。語り手が、かえるくんの心の中を語らないため、初読時では、読み手はかえるくんが言う「しなくちゃいけないこと」が何なのかは分かりません。

そして、大急ぎで家に帰ったかえるくんの様子について語り手は、「紙に何か書きました。」とあるように、少し離れたところから語ります。それは、おそらく挿絵（光村図書、東京書籍、教育出版には掲載）の位置あたりから見ているのでしょう。初読時の読み手は、「紙に何を書いているんだろう」と不思議に思い、「ふうとう」ということばから「もしかすると、がまくんへの手紙かな」と予想し始めます。そして、「ふうとうにこう書きました。」の部分では、語り手の視点は、かえるくんの手元にぐっと近寄ってフォーカスされ、「がまがえるくんへ」ということばで「やっぱり、そうだ！」と読み手を喜ばせます。

しかし、すぐに読み手には、「かえるくんは、手紙に何を書いたんだろう」という疑問が湧いてきます。語り手が「紙に何か書きました。」とその内容を教えてくれなかったために、読み手は疑問を持ったままかえるくんの行動を追っていくことになります。そして、読み手は、かえるくんが書いた手紙の内容をがまくんといっしょに知ることになるのです。そうすることで、がまくんが感じるかえるくんへの感動が、読み手にも感じられます。

移動する語り手の視点が、読み手の感動を引き出す「しかけ」になっているのです。

●しかけ②　「手紙」が生み出すユーモア

「お手紙」のおもしろさは、かえるくんの優しさばかりではなく、その優しさから生まれてくるユーモアにあるでしょう。かえるくんのとる行動と読者の想定とに生じるズレが、思わず笑いを誘います。そこには、「手紙」という道具が効果的な役割を果たしています。

手紙は、電話やメールのように相手に自分の思いを伝えるツールの一つですが、その特徴には、「文字で書いて伝える」「届けるのに第三者を介する」「時間差が生まれる」などがあるでしょう。

かえるくんは、自分の家で書いた手紙を早くがまくんに届けたいのですが、自分が手渡すわけにいかないために、家から飛び出してすぐに出会った知り合いのかたつむりくんに手紙を預けてしまいます。「知り合いのかたつむりくん」にかえるくん自身が頼むのだから、初読時の読み手は疑問を感じません。

そして、読み手は、かえるくんが大急ぎで帰ればすぐに着いたぐらいの二人の家の間の距離を届ければいいというイメージや「まかせてくれよ。」「すぐやるぜ。」というかたつむりくんの自信に満ちたことばから、手紙が届くまでの時間は、そんなにかからないだろうという印象をもつでしょう。

その後、かえるくんはがまくんの家で、手紙を出したことだけではなく、これから渡す手紙に書いた内容まで口頭で伝えてしまうのです。この状況でも読み手の想定とはズレがあるのですが、さらに意外なのが、そのことによって、二人が「しあわせな気もち」で過ごしたというハッピーエンドにつながることです。

そして、かたつむりくんが、がまくんの家に手紙を届けるのに、「四日」かかったことも、読み手の想定を裏切るおもしろさです。読み手にとっては、時間がかかりすぎだと感じますが、最後の挿絵（光村図書、東京書籍、教育出版、三省堂には掲載）のかたつむりくんの得意満面な表情からも分かるように、かたつむりくんにとっては一生懸命に「すぐに」終わらせた仕事のようにイメージされ、おもしろさを感じさせます。さらに、その「長いことまって」いた時間が二人にとっては幸せな時間だったということも、読み手の想定とのズレを生み、おもしろさを感じさせます。

このように、「手紙」のもつ特徴が、物語の中で効果的に読み手とのズレを生み出し、おもしろさを感じさせる「しかけ」になっているのです。

●かぎ括弧（「　」）による表現

がまくんとかえるくんの会話で展開するこの物語の中には、かぎ括弧（「　」）が三十六回も出てきます。しかし、その全てが二人の会話の場面で使われるわけではありません。そのうちの一回は、「がまがえるくんへ」というかえるくんがお手紙の宛名を書いた場面で使われています。宛名で使用される箇所では、カギ括弧内に句点（。）がありません。子どもたちには、「お手紙」の学習を通して、かぎ括弧による表現の仕方を学ばせることができます。

また、物語中には二重かぎ括弧（『　』）も出てきます。かえるくんががまくんにお手紙の内容を伝える場面です。かえるくんの会話文のかぎ括弧内で、手紙の内容をそのまま紹介し、引用のような形でかぎ括弧を使うために、二重かぎ括弧になっています。子どもたちには、そのようなルールも適切な場面で教えておきたいものです。二重かぎ括弧を音読させる際には、間の取り方や強弱、読む速さなどに気を付けながら工夫させることで、話の中身を具体的に想像できたり、かぎ括弧の読み方への意識をより高めたりすることができます。

さらに、書きことばである地の文の文末は、すべて「です」「ます」の敬体で表現されていて、カギ括弧内の表現と地の文との表現を比較することで、話しことばと書きことばとの違いを意識させることもできます。

低学年の時期は、音声言語から文字言語へ移行する発達段階でもあります。普段話すことばと文字で書いて表現することばが違うことや、それぞれを表現する場合にどのようにして表せばいいのかなどについて学ばせるいい機会でしょう。先ほど取り上げた二重かぎ括弧が使用される箇所は、会話文の中で書きことばを紹介する場面になっています。場面の様子を具体的に想像させながら、話しことばなのか、書きことばなのかを考えさせていきましょう。

(7) 教材「がまくんとかえるくん」シリーズの他の話も読み解こう

教材「お手紙」は、『ふたりはともだち』に納められている話ですが、作者アーノルド＝ローベルは、他にもがまくんとかえるくんを主たる人物とした物語をシリーズで残しています。単元の中で「お手紙」と併せて取り上げることで、「お手紙」で学習した読み方を活用したり、「お手紙」の人物や場面と比較してその共通点や相違点について考えたりと、多様な学習の展開を考えることができます。

ここでは、いくつかの話を取り上げ、あらすじと「お手紙」との共通点や相違点、指導する上で留意したい点について考えてみましょう。

①「おちば」（『ふたりはいつも』所収）

展開	状況	かえるくんの言動	がまくんの言動
起	・十月。木の葉が散ってしまう秋の季節。	・がまくんの家へ行き、庭の芝生の落ち葉をかき集めてあげようと思い立つ。	・かえるくんの家へ行き、庭の芝生の落ち葉をかき集めてあげようと思い立つ。
承	・かえるくんとがまくんは、すれ違ってしまい会えない。	・森を駆けていったので、がまくんに会わなかった。 ・がまくんが家にいないことを確認してから、落ち葉かきをする。 ・きれいになったがまくんの家の庭を見て満足して帰る。	・深い草原を駆けていったのでかえるくんに会わなかった。 ・かえるくんが家にいないことを確認してから、落ち葉かきをする。 ・きれいになったかえるくんの家の庭を見て満足して帰る。
転	・風が吹き落ち葉かき	・がまくんが落ち葉かきをし	・かえるくんが落ち葉かきを

	をした葉っぱの山をちりぢりにしてしまう。	てきれいにしたかえるくんの家の芝生が、葉っぱだらけになる。 ・自分がきれいにした庭を見て、がまくんがびっくりしているだろうと想像する。	してきれいにしたがまくんの家の芝生が、葉っぱだらけになる。 ・自分がきれいにした庭を見て、かえるくんがびっくりしているだろうと想像する。
結	・それぞれがふとんに入る。	・おふとんに入り、しあわせそうに寝る。	・おふとんに入り、しあわせそうに寝る。

ア　物語のあらすじから

「おちば」は、右の表のように物語が展開します。この話の中心人物は「がまくん」と「かえるくん」の二人です。この話では、違う場所にいるがまくんとかえるくんの言動が同時に描かれます。落ち葉が舞って庭に積もる秋、かえるくんは、がまくんの家の芝生の落ち葉をかき集めてあげることを思い付きます。同じ頃、がまくんもかえるくんの家の庭をきれいにしようと同じことを思い付きます。互いに相手を喜ばせようと考えたからです。二人はそれぞれ相手の家の庭で落ち葉をかき集め、きれいになった庭を見て、喜ぶ相手の顔を想像しながら満足して家に帰ります。ここで、物語は「転」を迎えます。二人がそれぞれ帰宅している途中、強い風が吹き、かえるくんとがまくんがそれぞれ集めた落ち葉をちりぢりにしてしまいます。家に帰ったがまくんとかえるくんは、自分の家の葉っぱだらけの芝生を見て、明日きれいにしようと思います。二人は、相手が驚き喜んでくれていることを思いながら、その晩それぞれしあわせを感じながら眠ります。

イ　人物（または状況）の変容

「おちば」では、物語を通して、かえるくんはがまくんを、がまくんはかえるくんが喜ぶ顔を想像しながら行動する様子が描かれます。落ち葉が風でちりぢりになっても、相手の喜ぶ顔を想像して働いたことに満足したままの二人の様子は相手のことを思う友情にあふれています。では、この話では何がどのように変わったのでしょうか。「おちば」では、人物ではなく「状況」が変容しています。二人の「庭」の状況に着目すると、起「落ち葉の散った庭」→承「二人が相手の家の落ち葉かきをして、きれいになった庭」→転「強い風が吹いて、また落ち葉がちりぢりになった庭」→結「相手の庭の落ち葉がちりぢりになったと知らず、しあわせなままの二人」と整理できます。庭がきれいかそうではないかによって、二人の満足した気持ちも変わるのです。さらに、相手の家への行き来の際に互いに会わないという「しかけ」によって、かえるくんとがまくんが幸せな気持ちのままでいるという効果も生んでいます。

ウ「おちば」で描かれる「互いに相手を思う気持ち」

この話では、二人が互いを思いやる言動に着目しながら読んでいきます。「おちば」では、かえるくんとがまくんの言動が同じように描かれるので、二人の状況や描写を比較しながら読むことができます。互いの庭の落ち葉の状況がちりぢりになったにも関わらず、二人ともしあわせな気持ちになったのはなぜかという問いかけをすることで、「かえるくんとがまくんは話の初めから終わりまで一度も会っていない」という物語の「しかけ」に気付かせたり、「二人は会っていないけれど、相手が喜んでくれるように落ち葉かきをしたから、しあわせな気持ちになった」という互いを思い合う気持ちを想像させたりすることも可能になります。

②「クリスマス・イヴ」（『ふたりはいつも』所収）

展開	状況	かえるくんの言動	がまくんの言動
起	・クリスマス・イヴの晩。	・書かれていない。	・かえるくんが来るのを待っている。
承	・かえるくんの身に何かあったのではないかと心配するがまくん。	・書かれていない。	・かえるくんが深い穴に落ちたり、森で迷ったり、大きなけものに食べられたりしていないかと心配する。

			・かえるくんを助けるための道具を持って家から走り出す。
転	・がまくんの家の前でかえるくんとがまくんが出会う。	・がまくんの家に着くのが遅くなった理由を話す。	・かえるくんが怖い目にあったのではないと分かり、安心する。
結	・楽しいクリスマス・イヴをすごす二人。	・がまくんと楽しいクリスマス・イヴをすごす。	・かえるくんからのプレゼント（新しい時計）をもらって喜ぶ。

ア　物語のあらすじから

「クリスマス・イヴ」は右の表のように物語が展開します。この物語の中心人物は「がまくん」です。がまくんは、クリスマス・イヴをかえるくんとすごそうと心待ちにしていますが、かえるくんがなかなかやって来ないので、かえるくんのことを心配し始めます。かえるくんが怖い目や危険な目に遭ってはいないだろうかと想像しては「どうしよう。」と不安になるがまくん。家の中にあるかえるくんを助けるための物を探して、家から走り出します。すると、すぐにがまくんはかえるくんに出会います。かえるくんは、がまくんにあげるプレゼントを包んでいて遅くなったと説明します。がまくんは、かえるくんと一緒にクリスマス・イヴを過ごせることに安心し、楽しいイブの時間を過ごします。

イ　人物（または状況）の変容

中心人物「がまくん」は、かえるくんがなかなか来ないことで、危険な目に遭ってはいないかと想像をして心配が募り、悲観的になっていきます。しかし、悲観的になるばかりではありません。自分がかえるくんを助けようという思いへと変化します。そして、かえるくんと会うことで安心し、楽しい気持ちへと変容していきます。

ウ　「クリスマス・イヴ」で描かれる「がまくんの優しさ」

この話では、がまくんが、かえるくんのために想像したり行動したりする言動に着目させて読んでいきます。ただ心配が募って悲観的になるのではなく、かえるくんと一緒に過ごせなかったらどんなに寂しいかを想像して、助けようと家から走り出すがまくんの行動の背景にある優しさに気付かせたいところです。さらに、かえるくんが「がまくんにあげるプレゼントを包んでいて遅くなった。」という会話から、がまくんを喜ばせたかったかえるくんの優しさも読み取れます。この物語でも二人の互いを思いやる優しさが最後の幸せな気持ちへとつながっていったことが分かります。

3 学習の目標を設定しよう

(1) 教材の特性から目標を考えよう

教材の分析・解釈をしたことで教材の特性が見えてきました。それらをもとに学習目標（指導目標）を設定します。

本来なら学級の子どもたちの実態から目指すべき学習の目標を設定し、それに合った教材を選定するべきでしょうが、各学校には教科書教材を中心にしたカリキュラムがあり、学習の中で取り扱う教材が指定されています。

教科書の指導書には、その教材を学習することで目指す目標が書かれていますが、その目標が学級の実態に合ったものになっているとは限りません。

まず、その教材を使って、どのような国語の力を子どもたちにつけられるのかを考えてみましょう。それから、子どもたちの実態に合った目標を設定します。

(2) 「お手紙」から指導目標を設定しよう

中心人物の人物像と変化、対人物、場面の構成、語りや表現の工夫などについて考えてきました。では、教材を読むことを通して、子どもたちに物語の読み方の何を身に付けさせることができるでしょうか。

●教材の特性から考えられる目標を書き出そう

教材を分析し、解釈したことから「お手紙」を読んで設定できそうな目標を考え、書き出してみましょう。

○人物の行動や会話に着目しながら読む
○場面の様子で想像したことを音読に生かしながら読む
○役割を決め、人物になりきって、音読しながら読む
○行動や会話文から人物の心情を想像しながら読む
○文章の内容と自分の経験とを結び付けながら読む
○場面の移り変わりを意識しながら読む
○中心人物の行動や心情の変化をとらえながら読む
○同じ作者の他の作品と比べながら読む
○物語の続きを想像する

他にもまだまだあるかもしれません。大切なのは、一人の読者として教材と出合ったときの感動の理由を解き明かすには、教材の何を読ませていけばいいのかを教師が考えることです。そうすることで、子どもたちが教材と出合ったときの感動を大切にし、その感動から自然な形で単元を通した学習課題を設定することができるようになります。

「お手紙」の場合、人物の心情を想像しながら音読したり、かえるくんの行動の背景にある「優しさ」を読み取りながら、がまくんとかえるくんの心の動きについて話し合ったりすることが中心となるでしょう。本教材の学習で話し合いを通して明らかになり、読者の感じる感動やおもしろさを深めていくのは、かえるくんの行動の背景にある「優しさ」であり、がまくんの心情や行動の変化に伴って変容するかえるくんの心情です。がまくんが悲しいと自分まで悲しくなる「優しさ」、大急ぎで家に帰り手紙を書いた「優しさ」、がまくんに手紙を待ってほしくて繰り返し話しかける「優しさ」、お手紙の文面から感じられる「優しさ」――。これまで教材を分析してきたように、かえるくんの「優しさ」は、文章中の行動や会話の背景にあるものです。「優しさ」という視点から叙述を根拠にして、かえるくんの言動の理由を考えていくことで、読者の中にイメージされる場面の様子はより鮮明に浮かび上がってくるでしょう。

●教科書の単元名を見てみよう

では、各教科書会社は、「お手紙」からどのような学習を設定しているのでしょうか。それぞれの教科書では、次のような単元名（活動目標）が設定されています。

・東京書籍（二年上）…**ばめんごとに読もう**
　◇人ぶつがしたことのじゅんじょをかんがえる
・学校図書（二年下）…**見つけたことを知らせよう**
・三 省 堂（二年）……**気もちを考えながら読もう**
・教育出版（一年下）…**がまくんやかえるくんに手がみをかこう**
　◇ようすをおもいうかべてよみましょう
・光村図書（二年下）…**音読げきをしよう**
　◇だれが、何をするのか、どんなことを言うのかに気をつけて
　読み、音読げきをしましょう

多くの教科書が、登場人物の行動や会話から気持ちを想像すること、場面の様子を想像しながら読むことを単元の目標に挙げています。また、音読の工夫を生かした音読劇、読者から登場人物への手紙、読んだ感想の紹介などの言語活動を想定している教科書もあります。

『小学校学習指導要領解説国語編』（平成29年告示）でいえば、第1学年及び第2学年の「読むこと」の「指導事項（1）イ　場面の様子や登場人物の行動など、内容の大体を捉えること。」「（1）エ　場面の様子に着目して、登場人物の行動を具体的に想像すること。」や「（1）オ　文章の内容と自分の体験とを結び付けて、感想をもつこと。」「（1）カ　文章を読んで感じたことや分かったことを共有すること」に当たります。

●学級の実態に合った目標を設定しよう

「お手紙」は大人が読んでも、登場人物に感情移入しながら読み、温かい気持ちになる物語です。文学的な文章は、読者の年齢や生活経験などによって、解釈の仕方が大きく異なります。よく陥りがちな授業の失敗の一つに、教師が長い時間をかけて教材を分析して導いた解釈の全てを子どもたちに考えさせようとすることがあります。あるいは、その解釈の全てを子どもが言い当てないと子どもが「読んだ」ことにならないと錯覚してしまうのです。私たち教師は、子どもたちに「お手紙」を教えるのではなく、「お手紙」を読むことを通してどんな読み方を身に付けさせることができるのか考えなければなりません。

「お手紙」は、全ての教科書が低学年段階で掲載しています。低学年の子どもたちは、読書や読み聞かせなどで物語の世界に親しみ、場面ごとに読むことに加え、登場人物の行動を追いながら想像豊かに読むことができるようになってきます。その目の前の子どもたちが、どんな読み方をする傾向にあるのか、どんなことばに目を付けて読んでいるのかをしっかりと分析し、実態に応じて適切な指導の目標を設定することが大切です。

【参考文献】

・田中実・須貝千里編「文学の力×教材の力　小学校編1年」二〇〇一年教育出版
・白石範孝編「国語授業を変える『用語』」二〇一三年　文渓堂
・高木・寺井・中村・山元編「国語科重要用語事典」二〇一五年　明治図書

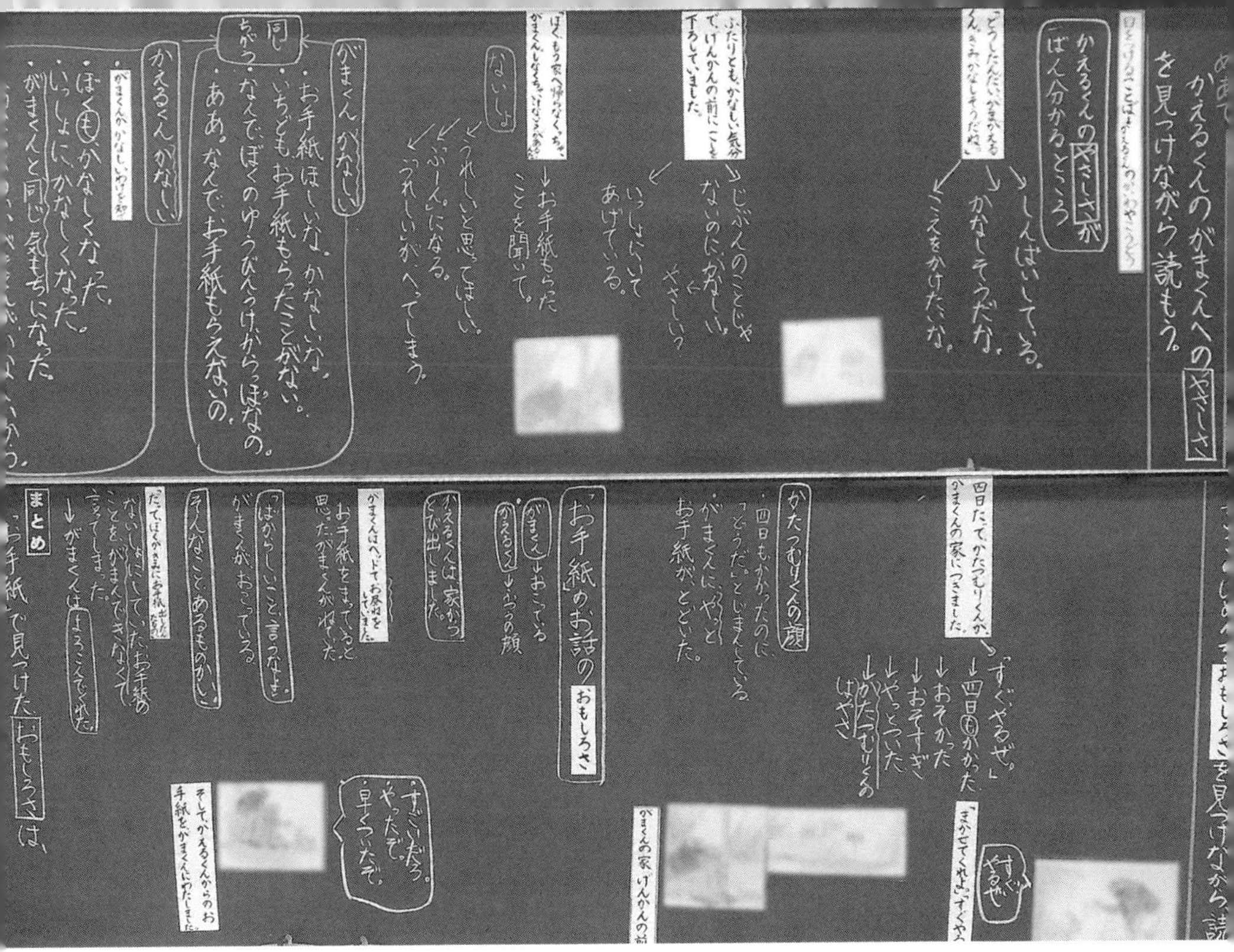

第2章

指導方法を構想する力を高めよう

第1章で、教材研究とは、「教材の分析・解釈」と「指導方法の構想」のことであり、指導方法を構想していくためには、何よりもしっかりとした教材の分析・解釈が重要だと述べました。前章で実際に分析したように、物語の中の一つ一つのことばが緊密につながりあい、読者の中に物語世界をつくりあげます。教師が教材を分析・解釈することで、子どもたちにどのことばをつなげて考えさせる必要があるのかが見えてくるのです。（同時に、授業における子どもたちの発言の聴き方も変わってきます。この点については、第3章実践編で述べます。）

そこで、本章では教材を分析・解釈したことをもとにどのように指導方法を構想していけばいいのかについて考えてみましょう。

1 学級の実態と教師の力量に応じた指導方法を設定しよう

まず、単元を通して、教材全体をどのように読ませていくのかについて考えてみましょう。

物語を読む授業の中で、子どもたちに求められるのは、端的に言えば、どのことばに着目するのか、どのことばとことばをつなげて考えたのか、そしてどのように解釈したのか、その解釈したことについて自分がどう感じ、考えたのかということです。

「ことばをつなげて考える」という点についてもう少し説明をします。

基本的な物語の構造は、「**舞台や人物の設定―人物の変化への伏線―人物の行動やものの見方・考え方の転換―人物の変容**」となっています。人物の「**変化**」を理解するためには、それ以前の状態、つまり物語の「**設定**」を理解しておかなければなりませんし、一読すると劇的に「**変化**」したように見える人物も、実はそのきっかけとなる出会いや出来事、変化の兆しとなる「**伏線**」が物語中に張られています。

このような物語の中でのことばのつながりを授業の中で子どもたち自身が見出し、解釈し、評価していくことが求められるのです。

従来より多くの教室で行われてきたのは物語を場面ごとに分けて読む読み方です。近年では物語全体を対象とした「丸ごと読み」の授業が見られることも増えてきました。どちらの指導方法にもよい点や留意すべき点があります。

まず、**場面ごとに分けて読ませる場合**についてです。場面を区切ると、読む範囲が限定され、着目することばを探しやすくなります。話のあらすじを十分把握していない子どもや物語の読み方に慣れていない子ども、低学年段階の子どもに向いた読み方かもしれません。

気を付けるべきことは、違う場面のことばやその前の場面までに学習してきたこととつなげて考えることができにくくなる点です。そのため、教師がこれまで学習したことの既習図を提示して振り返ることができるようにしたり、違う場面のことばに着目できるように発問したりする場合があります。

次に、**物語全体を対象にして読ませる場合**についてです。場面ごとに分ける場合とは異なり、子どもたちにとっては、ことばを探す範囲の限定がなくなり、授業で問題となっている文章中の箇所とは離れた箇所からことばを探すことができます。そのためには、授業の前に何度も教材文を読み込ませ、物語の流れを頭の中に思い描ける状態にしておく必要があります。教師や友達に尋ねられたことに反応し、「そのことについては、あそこにあのことばが書いてあったはずだ」とすぐに教科書のページをめくって、ことばを探せるようにしておかなければ、授業での話し合いに参加することはできません。

そして、物語全体を対象にして読ませる場合、子どもたちにとって適切な読みの課題とそれを設定するための教師の指導力量が必要になります。教師は、単元を通して子どもたちが教材を読み深めていくために必要な課題を子どもたちの反応を予想しながら設定しなければなりません。そして、本時では、子どもたちが着目した様々な箇所の言葉や文を整理し、授業の中で子どもたちにどのように示していくのかが重要になるのです。

いずれの指導方法についても、子どもたちの発達段階とこれまでに身に付けている読み方など学級の実態を分析することで必然的に決まってきます。まずは、目の前の子どもたちの実態をしっかり分析することから始めましょう。

2 教材の特性に応じた活動を設定しよう

平成20年版学習指導要領の理念に基づき、多くの先生方が「言語活動の充実」という言葉に注目し、全国で実践が重ねられました。新学習指導要領（平成29年版）の「『主体的・対話的で深い学び』の実現」においてもその理念は生かされ、子どもたちが目的や課題意識をもち、互いに表現し合う中で、考えを深化させ、表現を高めていく姿が求められています。どのような活動を設定していくのかは、子どもたちにどのような目的意識で学習に向かわせ、どのように表現させていくのかを考えることに他なりません。そのためには、教師による教材の分析・解釈を基盤とし、**活動の特性**を意識しながら、授業で子どもたちの読みを深めさせていくのに適した活動を選択する必要があります。

一つの教材でも設定する指導目標が違うように、目標に迫るための学習活動の方法も様々です。それぞれの活動には特性があり、教材と設定した指導の目標、児童の発達段階や実態に応じた活動を選択することが大切です。

そこで、いくつかの活動を挙げながらその活動の特性と「お手紙」で設定する際のポ

イントについて考えてみましょう。

（1）音読・朗読

文章を声に出して読んで理解したり、文章の内容や文体から読み手がイメージしたことや感動した気持ちを音声で聞き手に表現したりする活動です。

音読・朗読は読み手が**人物や語り手に同化するのを促す**ことができます。逆を言えば、音声化することで読み手の解釈が明らかになりますし、指導する教師もこの点に留意して子どもたちに音読・朗読を聞かせなければなりません。

たとえば、「お手紙」では、かえるくんにお手紙を一度ももらったことがないのか尋ねられたがまくんが、「ああ。いちども。」と答える場面があります。また、かえるくんが、がまくんへ書いた手紙の内容を伝えた場面でも、がまくんは「ああ。」と言います。同じ「ああ。」という表記ですが、落胆した感じで読むのか、喜びが満ち足りていくように感嘆して読むのか、音読することでがまくんの気持ちの違いが明確になります。また、後者の「ああ。」の場合、音読でどう表現するのかを考えることで、お手紙をもらったことを知ったがまくんの心情の変化についてとらえることができる重要な活動になります。

音声化された表現は、その場に残りません。音声を記録したり、音読記号を用いたり、教師

活動	活動の特性	留意点
音読・朗読	読み手が理解した内容や感動した気持ちを音声で表現する。読み手が人物や語り手に同化するのを促す。	音声を記録したり，音読表現のための記号を用いたり，教師が再現する必要がある。
劇・動作化	物語の時・場所・人物の設定や状況から，場面の様子を想像し，動作や行動で表現する。	表現する目的や表現させる場面を明確にして活動させる。
日記	文章中に書かれていない人物の心情や行動の理由を読み手が想像することができる。	日記をどの場面のどの人物の立場から書かせるかを吟味する。
手紙	文章中に書かれていない人物の気持ちを想像し人物の行動や考え，変容について評価できる。	手紙をどの場面のどの人物の立場から書かせるかを吟味する。
心情グラフ	場面の移り変わりと物語の最初と最後での中心人物の心情の変化を視覚的にとらえることができる。	低学年は，曲線で表すのは難しいため，○を用いたグラフで人物の心情を表す。
紙芝居	場面の移り変わりに着目させて，絵の枚数や描かれる人物について考えさせる。	教材文を取り上げる学習とは別に制作時間が必要。
ペープサート	絵や人物に模した人形を動かすことで人物のいる場所や動き，他の人物との距離などを表現できる。	人物の表情や細かい動きを表現することができない。
後日談の創作	語り手になったつもりで，物語の後に続く話を想像し，創作して書く。	物語の人物の設定を理解した上で，物語後を想像し，構想して表現させる。
お話づくり（創作）	人物の設定や特徴，物語の展開を考えて，創作できる。	あらすじや展開を踏まえた創作指導の難しさ。
他の作品を読む	同じ作者による他の作品や同じテーマによる他の作品への多読ができる。	教材文との並行読書か，教材文の学習後かを吟味する。

が再現したりする必要があります。

(2) 劇・動作化

劇については、上演を目的にしたものと、上演ではなく表現活動や体験を目的にしたものがあります。子どもたちは、人物の設定や状況から**人物の心情や表情、動きを想像し**、動作や行動で表現します。表現する目的や表現させる場面をはっきりとさせたうえで、活動させることが大切です。

「お手紙」は、会話を中心に展開する物語なので、音読と簡単な体の動きとで音読劇に表現することが可能です。だれが言ったことか、だれがしたことかを読み取りながら、その行動や会話に合う動きを考えます。

たとえば、最初の場面でかえるくんがお手紙を書くことを思い付き、家に帰ろうとして「ぼく、もう家へかえらなくっちゃ、がまくん。しなくちゃいけないことが、あるんだ。」と話す場面では、かえるくんが突然立ち上がり、がまくんの方を見て、家に帰ることを告げる動きを考える子どもがいるでしょう。本当の「劇」ではないので、その劇や動作化の出来映えを評価することが目的ではありません。動作化によって誰に対しての行動なのかを考え、表情によってその時の人物の気持ちを表し、音読に合う動きを考えることで、人物の心情に寄り添いながら読むことができます。

（3）日記

読み手が、登場人物になりきって物語の中で起きた出来事やその時の心情などを記録していく形で書きます。物語の中での時間の経過が、何日間にもわたる場合に設定できます。登場人物になりきることで、**文章中に書かれていない人物の心情**を読み手が想像して、埋めて書かなければなりません。この活動のポイントは、読み手の解釈を引き出すために、日記をどの場面のどの人物の立場から書かせるかでしょう。

「お手紙」の場合は、ほとんどが一日の中で展開する物語なので、前半で日記を書かせるのは難しいかもしれません。考えられる設定として、物語以前の毎日手紙を待ち続けるがまくんの日記を書かせる活動があります。その場合、手紙が届かないことへの悲しさやつらさを想像して表現することになるでしょう。

また、物語の最後の二人で手紙を待つ四日の間の日記を書く活動も考えられます。がまくんの立場から書く日記には、手紙を待つ喜びや手紙を書いてくれたかえるくんへの感謝の気持ち、あるいは届けてくれているかたつむりくんを待ち侘びる気持ちが書かれるでしょう。また、かえるくんの立場から書く日記には、がまくんが喜んでくれたことへの喜び、がまくんとの友情を確かめる気持ち、かたつむりくんへの応援の気持ちが想像されるでしょう。

(4) 手紙

読み手が、登場人物に対して語りかけるような形式で書きます。日記と同様に読み手の解釈を引き出すために、手紙をどの場面のどの人物に対して書かせるのかがポイントになります。

日記と違う点は、読み手が人物になりきるのではなく、**文章中に書かれていない人物の気持ちを想像し、物語世界の外から人物の行動や考えに対して評価をしていく**点です。

たとえば、「お手紙」の場合では、最初の場面で大急ぎで家に帰るかえるくんに対して手紙を書かせると、「わたしは、さいしょ、かえるくんがどうしていそいで帰ったのか分からなかったよ。でも、かえるくんは、がまくんにお手紙を書こうとしていそいで帰ったんだね。かえるくんはやさしいいね。」とかえるくんの行動への評価と自分の考えを書いていきます。

また、学習の最後に「がまくんとかえるくんに『お手紙』を書いてあげよう」という活動の設定もできます。そこでは、がまくんに手紙を書く場合、「わたしは、がまくんを(人物像)と思うよ。それは、(叙述)と書いてあって、そこから(理由)と思ったからだよ。」というように、がまくんやかえるくんの人物像について、その根拠、理由などを挙げながら表現させることができます。

そして、手紙や日記を書かせる場合、どのように授業に位置付けるのかを考えることも必要です。

授業の最初に書かせたものを発表し合い、互いの解釈の違いから学習の導入へとつなげる場面か、人物の心情などについて話し合った後に学習のまとめとして自分の考えを整理する場面かなど、活動の目的によって位置付けも変わります。

(5) 心情グラフ

登場人物及び中心人物の心情の変化をグラフに表します。中学年から高学年では、中心人物の物語の初めと終わりの変化を「心情曲線」に表しながら物語全体を読んでいくことがありますが、低学年ではまだ曲線に表すのは難しいので算数科で学習した「○を用いたグラフ」を活用します。その際、何をどのような基準で○に表すのかという観点を子どもたちと共有することが大切です。

たとえば、お手紙の場合、「幸せかどうか」を観点に○で表させるようにします。「とても不幸せ」は○が0個、「とても幸せ」は○が5個とします。最初の場面では、がまくんはお手紙を一度ももらったことがなくてとても不幸せですから、○は0個です。かえるくんは、○がいくつで表せるかを子どもたちが話し合い、学級としての○の数を考えます。○の数がいくつあるか、どの子どもにも視覚的に分かるので、○の数とそう考えた理由を述べることで、同じ観点で話し合いを進めることができます。「ここに～と書いてあるから、○の数は・つだと考えた。」のように人物の行動や会話に関する叙述に着目して話し合うようにすることが大切です。

また、かえるくんがお手紙のことを話してしまう場面では、かえるくんとがまくんのどちらの○が先に増えたのかを話し合うと、がまくんの心情が変化（不幸せ→幸せ）したことで、かえるくんの心情が変化（不幸せ→幸せ）したことを視覚的にとらえられるでしょう。

（6）紙芝居

本文に沿って、場面に分けて絵を描き、描いた絵と一緒に音声で表現していきます。

紙芝居の作成を通して、**場面の移り変わり**に着目させて何枚の絵に描くのか、描く絵を**誰の視点**から見た絵にしていくのかなどについて考えさせることができます。しかし、出来上がったものを発表するのであれば、作成に時間がかかるのが難点です。

挿絵は場面の中でも印象的な箇所を描いていることが多いので、挿絵を参考に紙芝居を作成していくのが、限られた時数の中では効率的でしょう。また、作成も学級全体で一つのものを、グループごとに別々に、などの進め方があります。

また、紙芝居が出来上がると、演じ方の練習をする必要があります。役割分担をして、地の文や会話文から情景や人物の心情が伝わる声色や言い回し、絵の抜き方などを練習します。

低学年では、読み上げる裏書きの文章中に、本文にはない人物の会話文を書くスペースを空けて、「この人物だったらどんなことを言うかな」と考えて会話を付加させることで、想像を広げながら読ませることができます。

「お手紙」の場合、かえるくんがかたつむりくんにお手紙を渡す場面で、かえるくんとかたつむりくんの会話を挿入させると、かえるくん「～ゆうびんうけに入れてきてくれないかい。（がまくんをよろこばせたいんだ。）」、かたつむりくん「まかせてくれよ。（かえるくんのたのみだ。）」「すぐやるぜ。（いそいでがまくんへお手紙をとどけるぞ。）」などのような会話を付加するでしょう。紙芝居で表現する際にも場面を想像しながら読ませることが大切です。

(7) ペープサート

紙に人物の絵などを描き、棒につけて動かします。また、棒につけずにマグネットで黒板上に貼って動かすこともできます。劇や動作化と同じように、演じることを通して、場面の状況や人物の心情などを考えさせます。

劇に比べて、人形を動かすということで子どもたちの活動への抵抗感も少ないのですが、人物の表情や細かい動きを表現することができません。劇よりも比較的表現しやすいのは**人物の位置関係**です。劇の場合は、演じる空間の関係で十分に距離がとれない場合がありますが、ペープサートは人形を動かすことによって、人物が今どの位置にいて、どのくらい距離があるのかを表現することができます。

低学年の場合、ペープサートの絵の人物の表情を喜怒哀楽や笑った表情など何通りか作っておき、場面の人物の心情に合わせて選択させることもできます。

「お手紙」では、最後の場面のお手紙が入っていない空っぽの郵便受けを眺める二人についいてどの表情のペープサートを使うかを話し合ったり、かえるくんが書いた手紙の内容を聞いて「ああ。」と言うがまくんの表情について話し合ったりすることができます。

また、大急ぎでがまくんの家から自分の家に帰り、手紙を書いて家を飛び出すかえるくんの様子をペープサートの動きで表現したり、がまくんの家に急いで手紙を届けているかたつむりくんの位置関係を表現したりすることもできます。

(8) 後日談の創作

作者になったつもりで、物語の後に続く話を創作して書きます。

子どもたちは楽しみながら意欲的に取り組みます。しかし、続き話を書くと言っても何でも書いていいというわけではありません。**物語の文脈を理解した上**で、物語のその後を想像し、構想して表現する必要があります。

「お手紙」の場合では、かえるくんからの手紙を受け取ったがまくんが、かえるくんへ返事の手紙を書くという場面を書かせることができます。自分のために手紙を書いてくれたかえるくんにお礼のお手紙を書いて喜ばせたいという物語の展開に沿った続き話です。

また、場面を限定することなく自由に書かせることで、がまくんが初めてのお手紙を声に出して読み、改めて喜びを噛み締めるという展開や、初めてのお手紙が届いたことをがまくんとかえるくん、かたつむりくんの三人で喜び合うという展開など子どもたちの想像豊かな続き話がたくさん生まれそうです。創作では特に人物の設定（性格、行動、ものの見方・考え方）をもとにして考えていきますので、本文の学習で人物の設定をしっかり押さえておくことが大切になります。

（9）お話づくり（創作）

人物の設定や特徴、物語の展開を考えて、創作します。前項の後日談の創作と異なるのは、本文の続き話を考えるのではなく、**人物の設定**（「お手紙」ではかえるくんとがまくん）**を生かして**新たな話を創作するという点です。物語全体の創作なので、あらすじや展開を踏まえた創作指導の難しさがあり、子どもの書く力や語彙力に依るところが大きいのも確かです。

「お手紙」の場合、かえるくんとがまくんの人物像をもとにして創作していきます。書き出しが難しい子どもには、「二人で～へ行った」「二人で～を作ろうと考えた」など、出来事の始まりを与えてから展開を考えさせるのも手立ての一つです。子どもが創作した一部を紹介します。この子どもは生活科で大根を育てたことにヒントを得て書きました。

かえるくんとがまくんが畑に大根のたねをまきました。かえるくんは、毎日せっせと水やりをしました。がまくんは、

「ほっておいても、めは出るさ。」

と水をやりませんでした。かえるくんの大根はめが出てぐんぐん大きくなるのに、がまくんの大根はなかなかめが出ません。かなしそうな顔のがまくんを見たかえるくんは、がまくんにないしょで水やりをつづけました。

　するとがまくんの大根もめを出してりっぱな大根にそだちました。

「かえるくん、ぼくの大根も大きくそだったよ。二人でそだてた大根でおでんを作ろう。」

　二人は、大切にそだてた大根をおでんにしました。大根がおいしくなるまで、二人ともしあわせな気もちでまっていました。

(10) 他の作品を読む

　教材の物語を読むことをきっかけに他の本や物語を読むことに広げていくこともできます。

　他の作品に広げていく場合、最初に読んだ教材の読み方をもとに**一つのテーマや観点をもって本を選択して読む**活動を設定するようにします。そして、それぞれが選択して読んだ物語について**同じ観点で発表し**、話し合うことで、新たに見えてくるものがあります。

　他の作品を読む活動の位置付けとして、最初に読んだ教材の後に他の作品に広げる場合と、最初に読む教材と並行して読む場合（並行読書）があります。低学年でも教師が同じ作者、同じテーマ、同じ人物関係などで事前に選定しておけば、並行読書を取り入れることも十分可能です。教室に読書記録表などを掲示しておけば、さらに意欲的に読書に取り組むでしょう。同じ作者による他の作品や同じテーマによる他の作品への多読に広げます。

「お手紙」の場合、多読の観点として「がまくんとかえるくんシリーズの他の物語を読む」という活動が設定できるでしょう。同じがまくんとかえるくんが登場する物語を読み、「お手紙」との共通点や相違点、人物の行動や会話に表れる「やさしさ」、ユーモアなどについて話し合うことで、「お手紙」の物語世界がさらに浮かび上がってきます。

また、人物同士の関係という観点から「ペア（対）になる登場人物が出てくる物語を読む」という活動を設定した場合、ペアになる人物の人物像や関係、「お手紙」の二人との共通点や差異点などについて比較しながら読むことができるでしょう。

3 単元を構想しよう

単元の指導目標の達成に向け、目の前の子どもたちに適切と思われる学習課題や学習活動の方法を設定し、単元を組み立てましょう。

「お手紙」では、「(1) イ　場面の様子や登場人物の行動など、内容の大体を捉えること。」

や「(1) エ　場面の様子に着目して、登場人物の行動を具体的に想像すること。」を通して、お手紙を一度ももらったことがなく悲しい気持ちのがまくんのために手紙を書こうとするかえるくんの行動や会話に着目しながら、その行動や会話の背景にあるかえるくんのやさしさやがまくんを思う気持ちについて想像します。「(1) オ　文章の内容と自分の体験とを結び付けて、感想をもつこと。」や「(1) カ　文章を読んで感じたことや分かったことを共有すること。」が中心になるでしょう。

そこで、単元の指導目標を

○場面の様子について、がまくんとかえるくんの言動を中心に想像を広げながら読むこと。
○物語の内容と自分の経験とを結び付けて、自分の思いや考えをまとめ、発表し合うこと。

とし、単元構想づくりの一例をご紹介したいと思います。

(1) 子どもたちの実態を捉えよう

本学級の子どもたちは、物語の教材を読む学習にとても意欲的に取り組みます。

前期に学習した「スイミー」では、場面の様子を想像しながらスイミーの一人ぼっちで悲しい気持ちや大きな魚を追い出すために知恵を絞る勇気を読み取ることができました。スイミーの気持ちを吹き出しに書いたり、学習のまとめに読み手からスイミーへ手紙を書いたりする活動を繰り返して、人物の行動に着目し心情を想像する学習を重ねてきました。しかし、これまで読んできた物語は、中心人物の行動を追えば大体の内容を理解できるものが多く、行動や会話の背景にある人物の心情について考えたり、二人の人物の心情を同時に考えたりすることができるまでには至っていません。

本教材「お手紙」と出合った子どもたちは、「かえるくんは、何て優しいのだろう。」とかえるくんの人物像のイメージをもつでしょうが、そのやさしさの具体まで考えられてはいないと思われます。そこで、「かえるくんのどんな行動や会話が、読者に『優しい』と感じさせるのか」という課題のもとで、がまくんとかえるくんの行動や会話に着目させ、明示されていない二人の思いについて考えさせたいと思います。

(2) 学習のゴールである「目指す子どもの姿」を明確にしよう

教材「お手紙」の特性は、会話と地の文による会話劇であること、そして人物の行動や会話によって人物像が描かれている点です。語り手は淡々とかえるくんとがまくんの様子を語っていきますが、それによって人物の気持ちに対する想像が掻き立てられて、読者はかえるくんの行動や会話の背景にあるがまくんを思う「優しさ」に共感したり、お手紙の内容をがまくんと同じように感動をもって受け止めたりできます。

そこで、本教材を通して、子どもたちに**行動や会話から人物の心情を読む力**を身に付けさせたいと思います。物語への共感や感動を原動力にして、「かえるくんの優しさ」を見つけながら読むことを課題に設定します。そして、行動や会話の叙述から「がまくんのためにかえるくんが、～したからやさしいと思います。」「かえるくんが～と言ったのは、……というやさしい気持ちからだと思います。」というように、行動や会話を根拠にして優しいと考える理由（解釈）を説明させるようにします。そして、話し合いを通して自分の考えと友達の考えとを比べて、自分の考えに付加したり、修正・強化したりしながら、物語に対する読みを深め、自分の考えをもたせます。

（3）学習課題と学習活動を設定しよう

これからの授業づくりにおいては、単元や一単位時間において次のような点などが重要になってくるでしょう。

■ 十分な教材分析を基に、子どもたちのこれまでの学びとその後の学びとのつながりとを意識した目標の設定
■ 子どもたちの強い課題意識を喚起する導入
■ 課題に対する子どもたちの内容や方法の見通し

■ペア、グループ、全体などの様々な形式での（自己とは異質な他者との）対話
■話し合いを基にした課題に対する内容や方法の見直し・まとめ
■次時につながる課題や意欲が生まれる振り返り

そこで、本教材「お手紙」では、人物の心情を想像するための基盤となる「行動」や「会話」に着目させる読み方を身に付けさせます。

導入では、子どもたちには初読の感想を書いて発表し合う中で、「がまくんとかえるくん」シリーズを提示して読みたいという意欲を喚起し、単元を通した学習課題を「『がまくんとかえるくん』シリーズを読んで、見つけたやさしさを紹介しよう」と設定します。そして、本教材の「お手紙」では行動や会話に着目してその背景にあるかえるくんの「優しさ」について読み取っていくことや教師が選択した他の十の作品を並行読書していくことを確認して、見通しをもたせます。

また、対話を生み出すために、各時間に次のような課題と内容を設定して話し合っていきます。

（1）「二人の悲しい気持ちは同じなのか」について話し合うことを通して、一度もお手紙をもらったことがなくて、悲しい気持ちのがまくんに共感するかえるくんの優しさについて

考えさせる。

（2）**「かえるくんが急いでいると、なぜ優しいと思うのか」**について話し合うことを通して、悲しい気持ちのがまくんを喜ばせようと行動するかえるくんの優しさについて考えさせる。

（3）**「がまくんに何度言い返されても、優しく話しかけるのは、かえるくんのどんな気持ちからか」**について話し合うことを通して、あきらめて投げやりになっているがまくんをお手紙を待つ気にさせようとするかえるくんの優しさについて考えさせる。

（4）**「二人の幸せな気持ちは同じなのか」**について話し合うことを通して、幸せな気持ちになったがまくんを見て、自分も幸せになるかえるくんのがまくんを思う優しさについて考えさせる。

（5）**「お手紙が届く場面のおもしろさ」**について話し合うことを通して、最後の場面及び物語全体から人物の会話や行動、繰り返しの表現などに着目しながら、おもしろさについて考えさせる。

また、本教材では場面ごとにかえるくんの優しさが分かる行動や会話を見つけていきます。そこで、本単元では、単元を通して子どもたちが見つけた優しさを書きまとめる活動を設定します。

その際、学習の始めに見つけたかえるくんの優しさと、話し合いを通して付加・修正・強化されたかえるくんの優しさを振り返る活動を位置付けます。こうすることで、話し合ったことや板書、友達の考えや解釈から新たな読みをつくり、自分の考えを整理して表現することが期待できます。

子どもたちには、最後に本教材で身に付けた「行動や会話から人物の心情を読む力」を基にして、並行読書に取り組んだ「がまくんとかえるくん」シリーズの十の物語「春がきた」「よていひょう」「ぼうし」「クリスマス・イヴ」「おちば」「おはなし」「クッキー」「ひとりきり」「アイスクリーム」「あしたするよ」から一つを選び、行動や会話から読み取った優しさの紹介文を書かせます。そうすることで読み方を活用し、身に付けた読み方に有用感を感じさせることができると考えました。

指導計画（全9時間）

1　初読の感想を書いて、学習課題について話し合う。

(1)　初読の感想を書いて発表する。

○物語を読んで感じた感動や疑問を文章にまとめること。

学習課題「『がまくんとかえるくん』シリーズを読んで、見つけたやさしさをしょうかいしよう」

(2) 場面分けをし、音読練習をする。

○会話文と地の文、誰の会話かに気を付けて、音読すること。

2 課題について話し合いながら、人物の会話や行動に着目して、かえるくんの優しさを読んでいき、見つけた優しさについて書きまとめる。

(1) 「二人の悲しい気持ちは同じなのか」について話し合う。

○一度も手紙をもらったことがないがまくんの様子や気持ちを想像して、がまくんの悲しい気持ちに共感するかえるくんの優しさを読み取る。

(2) 「かえるくんが急いでいると、なぜ優しいと思うのか」について話し合う。

○がまくんを喜ばせるために大急ぎで家に帰り、がまくんに内緒で手紙を書くかえるくんの優しさを読み取る。

(3) 「がまくんに何度言い返されても、優しく話しかけるのは、かえるくんのどんな気持ちからか」について話し合う。

○あきらめて投げやりになっているがまくんをお手紙を待つ気にさせようとするかえるくんの優しさを読み取る。

(4) 「二人の幸せな気持ちは同じなのか」について話し合う。

○かえるくんからのお手紙が来ることを知って幸せな気持ちになったがまくんを見て、幸せになるかえるくんの優しさを読み取る。

(5)「お手紙が届く場面のおもしろさ」について話し合う。

○最後の場面及び物語全体から人物の会話や行動、繰り返しの表現などに着目しながら、おもしろさを読み取る。

3 「行動や会話から人物の心情を読む」読み方をもとに、「がまくんとかえるくん」シリーズから物語を一つ選び、見つけた優しさについて自分の考えをまとめる。

(1) 一つ物語を選び、見つけた優しさを紹介する文を書く。

○かえるくん、がまくんのそれぞれの優しさが分かる行動や会話から見つけた優しさについて自分の考えをまとめること。

(2)「『がまくんとかえるくん』シリーズのやさしさ発表会」を開く。

○見つけた優しさを互いに紹介し、物語に共通する互いを思いやる優しさに気付くこと。

【参考文献】
・大槻和夫編『国語科重要用語300の基礎知識』二〇〇一年、明治図書
・田近洵一・井上尚美編『国語教育指導用語辞典』一九八四年、教育出版

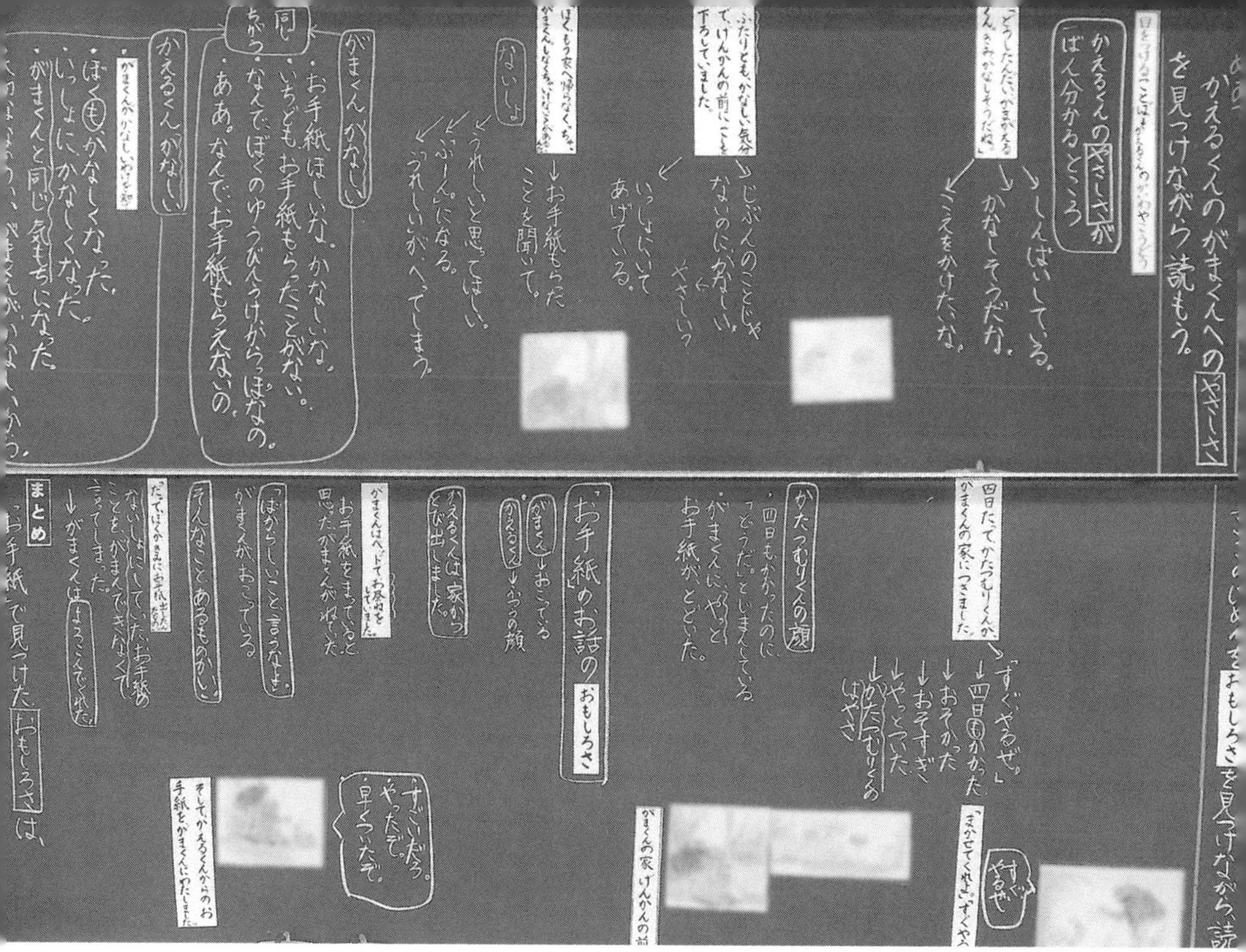

第3章

板書と思考の流れで展開がわかる実践！「お手紙」の授業

これまで「教材の分析・解釈」、子どもたちに応じた「指導法の構想、指導案の作成」を行ってきました。しかし、授業の「設計図」ができただけで、授業ができ上がったわけではありません。実際の授業へと具現化するためには専門的な技能が必要です。それが、**臨機応変な対応力**です。本章では、実際の子どもたちの反応に対して教師がどのように考えて対応し、授業を展開するのかについてご紹介していきます。

授業で物語を読んで話し合う学習を行う場合、指導者が最も力を入れるべき場面は、二つだと考えます。授業の導入で子どもたちに**課題を共有させる場面**と子どもたちの発言を教師が聴いて**授業を組織していく場面**です。

課題を共有することとは、子どもたちにとって一人一人が一時間の授業に「参加」する原動力となります。

子どもたちの読みや考えの深まりが期待できる課題を設定し、その課題に対して、「それについては、私はこう思うんだけど、みんなは違うのかな。」「えっ。考えたこともなかった。」「おもしろそうだ。みんなで考えてみたい。」などのような子どもたちの気持ちを引き出す導入の工夫をしなければなりません。

また、子どもたちの発言を聴いて集団の思考を組織していく場面では、発言の仕方や周囲の子どもたちの話の聴き方などの学習規律の指導ももちろん大切ですが、それ以上に発言する子どものことばを教師が聴きながら、分析し、授業を方向付けていくことが重要です。

教師は、自分が教材を徹底的に分析して得た解釈が唯一の「答え」と捉えがちです。そして、それを授業の中で子どもたちにことばで言い当てさせようとする場面をよく見かけます。しかし、そのような授業を繰り返していると、子どもたちはだんだんと発言しなくなってきます。教師は、欲しいことばを子どもに言わせることに躍起になるのではなく、子どもたちがその時点でどのように解釈しているのかを子どもたちのことばから分析し、どこに焦点を当てて集団で考えさせればいいのかを考える必要があります。

具体的には、次のようなことです。

・この子は何を言おうとしているのか。
・なぜそんな表現をするのか。読み誤りの原因は何か（表現するために選択したことばか、着目したことばの違いか、解釈か、基盤となる自身の知識や経験などか）。
・教師が目指す学習のゴールのどこに位置づくのか。その子の解釈はどこまで迫り、何が足りないのか。
・他の子の考えとどこが同じで違うのか。他の子にいっしょに考えさせるべき点はあるか。
・この意見をこれからの展開にどのように生かせるか。

これらのようなことを分析・判断しながら、教師は子どもたちの発言を聴かなければならないのです。本章では、実際に行った授業をご紹介しながら、板書や教師の発問に対する子どもたちの反応、また状況に対応する教師の思考の流れについても考えてみましょう。

第一次では、まず最初に全文を読み、初読の感想を書きます。初読の感想では、物語と出合ったときの子どもたちの素直な感想を書かせたいものです。感動したところや、くすっと笑ってしまったところなど最初に読んだ感想を書かせることで、子どもたちの感想を生かしながら、授業を展開することができます。

そこで、物語を読む場合、初読の感想では、次のような観点を与え、感想を書かせるようにします。また、「お手紙」ではユーモアやおもしろさも重要な観点なので、「おもしろかったところ」という観点も加えています。

与える観点	教師のねらい
物語を読んで感じた気持ち	物語を読んで感じた気持ちや全体の印象は、単元を通した課題の設定や単元の導入場面で生かすことができる。 「登場人物○○のどんなところが、やさしいのだろう」というような課題から、会話や行動に着目して読んでいく活動に向かわ

	せることができる。
一番心に残った場面とその理由	子どもたちの感想の多くは、人物が変容したり物語で一番盛り上がったりする場面に集中する。そのことから「〇〇はなぜ……したのだろう」などの単元を通した課題の設定に生かすことができる。 また、文章を書くことが苦手な子も、一番心に残った場面や感動した場面は指し示すことができる。その理由を尋ねて書かせればいいので、ほとんどの子が書きやすい観点である。
思ったこと・考えたこと	思ったことや考えたことには、子どもたちの解釈が含まれることがある。その解釈の違いや誤読を基に各時間の課題の設定（の見直し）や各時間の導入場面、または確認場面で生かすことができる。
おもしろかったところ	物語のおもしろさには、「内容のおもしろさ」と「表現のおもしろさ」がある。「内容のおもしろさ」とは、登場人物の行動、会話、心情の変容や話の展開のおもしろさがあり、「表現のおもしろさ」には、「しかけ」や繰り返し、人物の視点を変えることで見えてくるおもしろさなどがある。なぜ、おもしろいと感じたのかという観点から交流することで、物語をさらに深く読み味わ

	うことができる。
疑問に思ったこと	疑問に思ったことには、子どもたちの率直な疑問が書かれ、経験的に不足している知識なども知ることができる。各時間の読みの課題や確認すべきことの計画にも生かすことができる。
自分だったら	文学を読む場合、常に自己を見つめさせながら読ませたい。「自分だったら……したのに、○○はなぜ……したのだろう」と考えさせることで、人物の立場になり、人物の視点で考えるきっかけにすることができる。最終的には人物や物語の評価へとつながる観点となる。

【子どもたちが書いた初読の感想の例】

● 「お手紙」を読んでかんじた気もちは、がまくんが、一どもお手紙をもらったことがないというところを読んで、かなしい気もちになりました。かえるくんが、がまくんのためにお手紙を出した気もちが分かりました。一ばん心にのこったところは、かえるくんががまくんにいそいでお手紙を出したところが、すごくよかったです。がまくんが、さい後にえ顔になったところがかんどうしました。

●「お手紙」を読んで、とても心があたたかくなりました。お手紙をもらったことがないがまくんに、かえるくんがお手紙を出そうとしたことは、とてもやさしいなと思いました。一ばん心にのこったところは、手紙の中に「親愛なるがまがえるくん」と書いていたことです。かたつむりくんが四日たっても、お手紙をもってやってこないところが、くすっとわらってしまいました。
●「お手紙」を読んで、さい後にがまくんがお手紙をもらったところが一ばん心にのこりました。わけは、がまくんがとてもうれしそうで、わたしもうれしくなって心があたたかくなったからです。かえるくんが、がまくんの家にかえったときにがまくんが昼ねをしていたところが、「なんで」と思ってわらってしまいました。

子どもたちの多くは、本作品を読んで「やさしいお話だ」と感じていました。また、心に残った場面では、かえるくんが大急ぎで手紙を書く場面やかえるくんとがまくんが二人でお手紙を待つ場面を挙げて「かえるくんは、やさしいかえるだな。」と人物を評価していました。他にも「なぜ、かえるくんはお手紙のことを話してしまったのか」という登場人物の行動への疑問や、かたつむりくんがお手紙を届けるのに四日もかかったことの「おもしろさ」などを書いている子もおり、授業場面での生かし方（それぞれの時間の読みの課題の設定と見直し、導入場面で紹介する、話し合いの中で紹介するなど）について計画を立てました。

第2次 会話や行動に着目して場面の様子を読んでいき、見つけた「かえるくんの優しさ」を書きまとめる。

第1時 「二人の悲しい気持ちは同じなのか」について話し合う。

指導目標

○一度もお手紙をもらったことがないがまくんの様子や気持ちを想像して、がまくんの気持ちに共感するかえるくんの優しさについて考え、書きまとめられるようにすること。

お手紙

めあて
かえるくんのがまくんへのやさしさを見つけながら読もう。

目をつけることば→かえるくんのかいわやこうどう

かえるくんのやさしさが一ばん分かるところ

課題の共有

子どもの感想から、がまくんが悲しいのはなぜかを問いかけ、かえるくんのがまくんへの優しさを見つけながら読むことを確認する。

「どうしたんだい、……かなしそうだね。」

ふたりとも、……こしを下ろしていました。

「ぼく、もう家へ……しなくちゃいけないことがあるんだ。」

しんぱいしている。
↓かなしそうだな。
こえをかけたいな。

じぶんのことじゃないのにかなしい。 ← やさしい？

いっしょにいてあげている。

↓お手紙をもらったことを聞いて。

教科書７頁の挿絵掲示

教科書９頁右下の挿絵掲示

ないしょ

「うれしい」と思ってほしい。
「ふーん」となる。
「うれしい」が減ってしまう。

がまくんかなしい
・お手紙ほしいな。かなしいな。
・いちども、お手紙をもらったことがない。
・なんで、ぼくのゆうびんうけ、からっぽなの。
・ああ。なんでお手紙もらえないの。

同じ
ちがう

かえるくんかなしい
・がまくんがかなしいわけを知って
・ぼくも、かなしくなった。
・いっしょにかなしくなった。
・がまくんと同じ気持ちになった。
・大切ななかのいいがまくんが、かなしいから。

考えの発表

自分が見つけたかえるくんの優しさについて根拠となった本文のことばと理由を発表し合う。

深める問い

「二人の悲しい気持ちは同じか」を問いかけ、二人の悲しい気持ちとその理由について、比較しながら話し合う。

考えのまとめ

話し合ったことをもとに、自分が見つけた「かえるくんの優しさ」をまとめる。

物語を教材にした授業を行う際に、まず子どもたちに理解させなければならないのは、物語の舞台（時間、場所）や人物の設定です。人物の変容を理解するには、最初にどんな人物であったのかを理解しておく必要があります。また、物語の舞台が人物の変容に大きく関係している場合もあります。

「お手紙」の場合、かえるくんとがまくんの会話や行動から、場面の様子を想像させ、がまくんの置かれた状況やかえるくんの人物像、そして二人の関係などについて考えさせる学習を設定しました。

【導入場面】

授業の実際の様子	教師の思考の流れ
T　今日からお手紙をみんなで読み深めていきます。みんなが書いた感想を読ませてもらいました。初めに書いた感想を少し紹介してもらいたいと思います。かえるくんはどんなかえるかをよく考えながら聞いてください。…さん、発表してください。 C　はい。「お手紙を読んで、がまくんが最後にお手紙をもらって本当によかったと思います。最初、悲しくてしょんぼりした顔をしていたのに、お手紙をもらっ	➡初読の感想に共通していた「やさしい」「ほっとする話」という感想と、かえるくんの人物像についての感想を聞かせることで、かえるくんの優しさをその行動や会話文から見つけようとする課題意識をもたせよう。

てうれしそうな笑顔になったからです。読んだ後、心がポッと温かくなりました。とても、優しいお話でした。

それから、かえるくんは、とても優しくて友達思いのかえるです。かえるくんは、一度もお手紙をもらったことがないがまくんにお手紙を出したところが優しいと思いました。」

T　ありがとう。今の…さんと同じようにたくさんの人がかえるくんについて書いていたんだけど、かえるくんはどんなかえるだと思いますか。

C　優しい。

C　友達思い。

C　思いやりがある。

T　みんな、優しいかえるだと感じたんだね。じゃあ、本文の中に「かえるくんは優しいかえるです。」と書いてありましたか。

C　書いてない。

T　では、みんなは、どこから「かえるくんは優しい」と感じたの。

C　かえるくんが、がまくんに手紙を書いたところ。

C　かえるくんが、がまくんにいろいろ話しかけたとこ

⬇一人の子だけではなく、多くの子がかえるくんの優しさを感じ取っていたことを伝えることで、発言を出しやすくしよう。

●ポイント

⬇かえるくんの優しさを、いろいろな言葉で表現している。ここで、一度「優しい」ということばでまとめて、みんなの考えをゆさぶろう。

⬇優しさや相手への気持ちは会話や行動に表れることをとらえさせたい。

⬇よし、子どもたちが着目する言葉に気付いたぞ。

ろ。
T　なるほど。かえるくんの優しさは、かえるくんがしたことや言ったことに表れるんだね。
T　したことを「行動」、言ったことを「会話」といいます。言ってみて。（全員で復唱）では、かえるくんの優しさを行動や会話から見つけていきましょう。
（めあてを板書する）

➡ここで読みの観点をまとめて本時の学習課題につなげよう。

初読の感想で、ほとんどの子が、かえるくんについて「優しい」と感じていました。しかし、かえるくんが優しいと感じる理由については「がまくんに手紙を書いたから」という理由がほとんどで、かえるくんの優しさがその他の行動や会話に表れていると意識して書いた子はいませんでした。そこで、「かえるくんは優しいと書いてあるか」というゆさぶりをかけることで、かえるくんの会話や行動に焦点化し、子どもたちに学習課題をつかませるようにしました。

【展開場面】

授業の実際の様子	教師の思考の流れ
Ｔ　前回、場所で場面分けをしましたね。最初の場面の場所はどこでしたか。 Ｃ　がまくんのお家の玄関です。 Ｔ　今日は、６ページの「がまくんは、げんかんの前にすわっていました。」から９ページの「しなくちゃいけないことが、あるんだ。」までの場面を読んでいきましょう。	➡場面分けの学習を想起させて、今日の場面の「場所」を意識させよう。
そこで、かえるくんのがまくんへの優しさが一番分かる行動や会話を見つけて教科書に線を引きましょう。そして、なぜそこに引いたのか理由をプリントに書きましょう。（子どもたちが、教科書の本文に線を引き、理由を学習プリントに書く） Ｔ　では、かえるくんの優しさが、一番分かるところとわけを教えてください。	➡かえるくんの「優しさ」の根拠となる行動や会話の叙述に着目させよう。
Ｃ　「どうしたんだい、がまがえるくん。」のところです。わけは、がまくんが悲しそうだから、声をかけたのが優しいと思うからです。	➡がまくんを心配して声をかけるかえるくんの優しさに気付いている。
Ｃ　同じです。	➡かえるくんが、がまくんに声をかけたところに優しさ

C　同じところで、悲しそうながまくんに、心配して声をかけているからです。
C　「きみ、かなしそうだね。」とがまくんの気持ちを聞いてあげているところが優しいです。
T　かえるくんの言葉のどの部分から、気持ちを聞いてあげていると分かるの。
C　「どうしたんだい。」という言葉からです。かえるくんががまくんに尋ねている言葉だから。
C　同じところで、がまくんが何か困っているなら助けてあげようという優しさがあると思います。
T　なるほど、がまくんが困っているなら助けてあげたいと思っているのか。では、かえるくんは何を見て、声をかけたのかな。挿絵からがまくんの悲しい様子が分かりますか。
C　顔が悲しそう。
C　両手をほっぺたにつけて、しょんぼりしている。
T　がまくんの悲しい気持ちは、表情やしぐさにも表れているんだね。
C　他にもあります。「ふたりとも、かなしい気分で、げんかんの前に、こしを下ろしていました。」のところです。わけは、かえるくんは自分のことじゃないの

を見つけた子がたくさんいる。理由をたくさん出させよう。

⬇かえるくんの視点に立たせて、挿絵のがまくんの表情からがまくんの悲しい気持ちを見つけさせよう。

⬇表情だけでなく、しぐさにも気付いている。

ポイント
⬇がまくんとかえるくんの「悲しい」気持ちが同じかについて考えさせる「深める問い」につながる発言だ。後で扱おう。

に、がまくんと一緒にいてあげているのが、優しいと思います。
C　他にもあります。「ぼく、もう家へ帰らなくっちゃ。しなくちゃいけないことが、あるんだ。」のところです。わけは、がまくんに秘密でお手紙を書こうとしたのが、優しさだと思います。
C　わけが違って、一度もお手紙をもらったことがないがまくんにお手紙を書こうと思ったことが、かえるくんの優しさだと思います。
C　付け加えで、がまくんに内緒でお手紙を書こうと思ったところが優しいと思います。
T　内緒って、どういう意味ですか。
C　がまくんに言っちゃだめだってこと。
T　内緒にすることが優しさなの。かえるくんは、がまくんに手紙を書くのに、がまくんに言えないのは、なぜ。
C　内緒じゃないと、後でお手紙が届いた時にうれしくないから。
C　がまくんにお手紙を書くよって言ってしまったら、お手紙が届いても「あっ、そっか。」となってしまう。
C　後でお手紙が届いた時のうれしさがなくなってしま

➡お手紙を書くことだけではなく、この子はそれを「秘密」にして言わないかえるくんの行動に優しさを読み取っている。

ポイント
➡「内緒」という行動を特徴付ける言葉が出てきた。意味を問い返して、全員で共有しよう。

➡お手紙を書くことを言わずに、「しなくちゃいけないこと」と言ったかえるくんの行動の裏にある気持ちに迫らせたい。

➡どの子もお手紙を受け取ったときのがまくんの気持ちから考えているな。

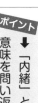

う。

T　みんなにも、誰かを喜ばせたくて、本当は言いたいのに内緒にして言わなかったことはありますか。

C　お父さんの誕生日に内緒でケーキを作ってお父さんを驚かせた。

C　お母さんに内緒でプレゼントを買って、あげるまで内緒にしたら、すごく喜んでくれた。

T　かえるくんの行動や会話から優しさをたくさん見つけたね。ちょっと、みんなで考えたいんだけど、がまくんはどうして悲しいのかな。考えてみましょう。（子どもたちが、学習プリントに考えを書く）がまくんが、悲しいわけとそれが分かるところを教えてください。

C　「だって、ぼく、……」から、一度もお手紙をもらったことがないことが分かります。

C　「今、一日の……」から、がまくんは、一日のうちでお手紙を待つ時間が一番悲しいことが分かります。

C　「毎日、ぼくのゆうびんうけは、空っぽさ。」のところが悲しいです。

C　「だれも、ぼくにお手紙なんかくれたことがない」から悲しい。

➡自分の経験から、誰かを喜ばせたくて秘密や内緒にしたことを想起させよう。かえるくんの行動に共感できるはずだ。

➡かえるくんの会話や行動から、場面の様子やかえるくんの人物像に迫ってきた。ここで、がまくんとかえるくんの悲しい気分の理由をそれぞれ聞いて、がまくんの置かれた状況や二人の関係を考えさせよう。先に、がまくんの悲しい気分の理由について考えさせて、確認しよう。

➡いくつもの根拠を挙げることで、がまくんの悲しみの強さが印象付けられる。

T　がまくん、悲しそうだね。なぜ、がまくんはお手紙をもらったことがないんだと思いますか。
C　自分から一度もお手紙を出したことがないからじゃないかな。
C　一度でもお手紙を出したんだったら、出した人からお返事が来るはずだと思う。
C　お手紙をくれる友達がいないのかな。
T　がまくんは、きちんと理由があって、とても悲しいんだね。では、かえるくんは、（挿絵を指して）始めから、悲しい気持ちでしたか。
C　違う。悲しい顔をしていない。
T　始めは悲しくなかったのに、悲しい気持ちになっているね。さっき、…君がかえるくんの優しさが分かると言ったところで、がまくんの悲しい気持ちと、かえるくんの悲しい気持ちは同じなのかな、（間をあけて）違うのかな。（子どもたちが学習プリントに考えを書く）
C　がまくんとかえるくんの悲しい気持ちは同じだと思います。がまくんが一度もお手紙をもらったことがないと知ったからです。
C　同じだと思います。がまくんが悲しいわけを聞いて、

➡教科書には書いていないが、お手紙をもらったことがない理由を想像することで、がまくんの人物像も感じ取らせることができるだろう。

➡挿絵のかえるくんの表情から、始めは悲しくなかったことを確認しよう。

➡ここで、かえるくんの悲しい気分の理由を聞こう。がまくんの理由と比較しながら考えられるだろう。

➡同じだという子は、悲しみの理由の違いを意識していないのかな、それとも「がまくんの悲しさはぼくの悲しさだ」という読みをしているのかな。

かえるくんも悲しくなったからです。
C　違うと思います。がまくんが、悲しくなったから、かえるくんも一緒に悲しくなったと思います。
C　少し違うと思います。かえるくんは、がまくんの悲しい気持ちを聞いて、がまくんと同じ気持ちになってあげたんだと思います。
T　同じ気持ちってどういうこと。
C　がまくんが、悲しいとかえるくんも悲しくなるってことだと思います。
C　悲しい気持ちは違うと思います。大切な親友のがまくんが、悲しい気持ちになったから、かえるくんも悲しいんだと思います。
T　親友って、どういう人のことなんだろう。
C　大切な友だち。
C　その人のことをずっと考えている人。
T　今日見つけたかえるくんの優しさが一番分かるところを見つけて、教科書に赤鉛筆で線を引きましょう。始めに引いた鉛筆の線から変わってもいいです。線を引いたら、まとめを書きましょう。
（子どもたちが、本時を振り返ってかえるくんの優しさが分かる行動や会話に赤鉛筆で線を引き、本時のまと

⬇この子は、悲しくなった順序について言っている。理由の違いは気付いているのかな。

⬇同じ気持ちというのは、共感したということだろう。くわしく聞いてみよう。

⬇「がまくんの悲しさはぼくの悲しさだ」という読みだな。

ポイント
⬇親友だからという、二人の関係性をとらえた発言が出てきた。共有させよう。

⬇改めて線を引かせて自分の考えの変容を見つめさせよう。

めを書く）

本時は、「物語の設定場面から二人の置かれた状況を理解するとともに、がまくんの悲しさに共感するかえるくんの優しさを読み深めることができる」ことをねらいとしました。そのために、「がまくんとかえるくんの『悲しい』気持ちは同じなのか」という課題に向けて、子どもたちの発言を取り上げながら、「かえるくんの優しさがわかる行動→がまくんの悲しい理由→二人の悲しい気持ちは同じか」という流れで学習を展開しました。かえるくんががまくんの気持ちに共感したから、悲しい気持ちになったということを十分おさえていなかったために、「がまくんとかえるくんの気持ちは同じ」という解釈をした子どももいました。「悲しい」という気持ちは同じだが、理由が違うことに焦点化することで、がまくんの悲しい気持ちに寄り添い自分にできることはないかと考え、行動に移そうとするかえるくんの「優しさ」に目を向けさせるべきでした。

本時の最後には、話し合いの後で再度かえるくんのがまくんへの優しさが一番分かるところに線を引き、読み取った優しさをまとめました。書きまとめることが苦手な子たちのために、（今日の学習で見つけたかえるくんのやさしさは）というような書き出しを提示したり、授業の板書を見せたり、早くまとめを書いた子の発表を聞いたりするようにアドバイスをします。そうすることで、短くても自分の考えを書くことができるようになります。もう一つは、自分の考えの変容を可視化するために、自分が見つけた優しさが表れている行動や会話が、導入段階と終末段階でどう変わったかを振り返らせます。自分の考えが変わらなければ「やっぱり」、理由が変われば「少し変わって」、叙述と理由がともに変われば「全く変わって」というように、自分の考えの変容を言葉でまとめさせました。このことにより、「やっぱり」の子は自分の考えを強化し、「少し変わって」の子は考えを付加し、「全く変わって」の子は修正できたことを振り返り、全体での話し合いを通した自己の読みの変容を振り返ることができるようにしました。

【終末段階で子どもたちが書いたかえるくんの優しさの例】

●はじめに見つけたやさしさとくらべて、やっぱり同じで、「ふたりとも、かなしい気分で、げんかんの前にこしを下ろしていました。」のところでした。親友のがまくんのために、よこにいっしょにすわっていることが、かえるくんのやさしさだと思いました。

●はじめに見つけたやさしさとくらべて、まったくかわって、はじめはないしょでお手紙を書こうと思うところだったけど、みんなで話し合うと「どうしたんだい、がまがえるくん」と話しかけるところにかわりました。わけは、かなしんでいるがまくんの気もちになって、やさしく声をかけたところがやさしいと思ったからです。

●はじめに見つけたやさしさとくらべて、まったくかわって、はじめは、かなしそうながまくんに声をかけるところだったけど、一どもお手紙をもらったことがないがまくんにないしょでお手紙を書こうとしたところがやさしいと思いました。わけは、…さんのはっぴょうを聞いて、お手紙を書くことを言わないで「しなくちゃいけないことが、あるんだ。」とないしょにするほうが、もっとがまくんをよろこばせることができるからです。

子どもたちは、自分の読みを振り返りながら、がまくんの悲しい気持ち、がまくんを思うかえるくんの気持ちを考えながら、かえるくんの優しさを書いていました。

第2時 「かえるくんが急いでいると、なぜ優しいと思うのか」について話し合う。

指導目標

○がまくんへの手紙を大急ぎで書くかえるくんの様子や気持ちを読み取り「誰かのために急ぐことは優しいのか」について考え、かえるくんの優しさを書きまとめられるようにすること。

お手紙

めあて
かえるくんのがまくんへの やさしさ を見つけながら読もう。

目をつけることば→かえるくんのかいわやこうどう

かえるくんの やさしさ が一ばん分かるところ

課題の共有

子どもの感想から、がまくんの悲しい気持ちを知ったかえるくんは何をしたのかを問いかけ、かえるくんの会話や行動を見つけながら読むことを確認する。

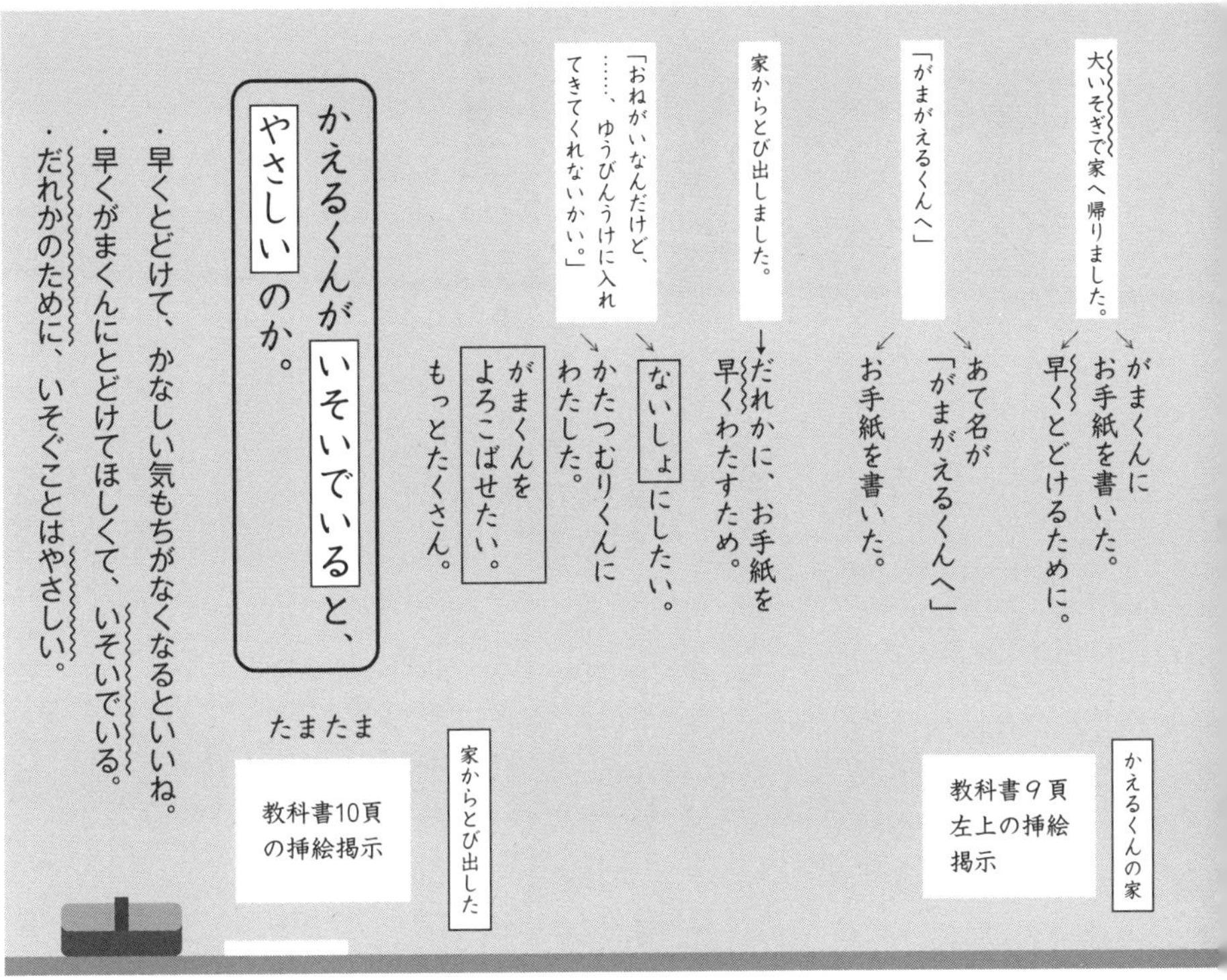
大いそぎで家へ帰りました。
がまくんに
お手紙を書いた。
早くとどけるために。
かえるくんの家
教科書9頁
左上の挿絵
掲示
「がまがえるくんへ」
あて名が
「がまがえるくんへ」
お手紙を書いた。
家からとび出しました。
だれかに、お手紙を
早くわたすため。
「おねがいなんだけど、
……、ゆうびんうけに入れ
てきてくれないかい。」
ないしょにしたい。
かたつむりくんに
わたした。
がまくんを
よろこばせたい。
もっとたくさん。
家からとび出した
たまたま
教科書10頁
の挿絵掲示
かえるくんがいそいでいると、
やさしいのか。
・早くとどけて、かなしい気もちがなくなるといいね。
・早くがまくんにとどけてほしくて、いそいでいる。
・だれかのために、いそぐことはやさしい。

考えの発表

自分が見つけたかえるくんの優しさについて根拠となった本文のことばと理由を発表し合う。

深める問い

「かえるくんが急いでいると、なぜ優しいと思うのか」を問いかけ、急いでいることとがまくんへの優しさが、どうつながるのかを話し合う。

考えのまとめ

話し合ったことをもとに、自分が見つけた「かえるくんの優しさ」をまとめる。

前時は、設定場面を中心にがまくんの悲しい気持ちとその気持ちに共感するかえるくんの優しさについて話し合いました。悲しい気持ちのがまくんのために、一緒に腰を下ろし、がまくんのためにお手紙を書こうと思い立ち、「しなくちゃいけないことが、あるんだ。」と急いで家に帰ろうとするかえるくんの行動や会話の中に優しさを見つけました。

そこで、本時では、大急ぎで家に帰る場面のかえるくんの様子を読み、その行動や会話の中から優しさを読み取る学習を設定しました。

【導入場面】

授業の実際の様子	教師の思考の流れ
T　昨日は、最初の場面の「がまくんとかえるくんの悲しい気持ちは同じなのか」について話し合いましたね。昨日の学習のまとめを…さん、みんなに紹介してください。 C　「がまくんが、一度もお手紙をもらったことがないから悲しいことを知って一緒に悲しい気持ちになったところが、がまくんのことを大切に思っていて優しいと感じました。あと、かえるくんが『しなくちゃいけないことが、あるんだ。』と言ったところも、がまく	⬇前時の学習を想起させるために、前時の学習の流れが分かる感想を読んでもらおう。

んのために何かしようとしている感じがして、優しいと思いました。」 T　ありがとう。…さんもまとめの中で「がまくんのために何かしてあげたい、よろこばせてあげたいというやさしさを見つけました。」と書いていました。今日も、かえるくんの優しさを見つけながら読んでいきましょう。	➡がまくんのために何かしてあげたいと思っている感想について、教師から紹介しよう。
T　今日の場面の場所は、どこですか。 C　かえるくんの家から、外でかたつむりくんに渡すところまでです。	➡場面分けの学習を想起させて、今日の場面の「場所」を意識させよう。
T　そうですね。今日は、九ページの「かえるくんは、大いそぎで家へ帰りました。」から十ページの「すぐやるぜ。」までの場面を読んでいきましょう。 T　かえるくんのがまくんへの優しさを見つけるためにどんなところに注目して読んでいけばよかったかな。 C　行動や会話です。	➡どんな言葉に着目していたのかを想起させよう。
T　すごいなあ、よく覚えていましたね。では、かえるくんのがまくんへの優しさが一番分かる行動や会話に線を引きましょう。	➡大いに賞賛して、全員に読み方を意識させよう。

前時の学習を想起させるために、行動や会話から「かえるくんの優しさ」を読み取っている

子の感想を読んでもらいました。この時点では、かえるくんの行動や会話からかえるくんの優しさを読み取ることはできていましたが、かえるくんの行動を特徴付けている「かえるくんが急いでいる」ことと、優しさをつなげて考えるまでには至っていません。
　そこで、展開場面では、取り上げた叙述に共通する「急いでいる」に気付かせた後に、かえるくんが急いでいると、なぜ優しいと思うのかという深める問いで、かえるくんの行動の背景にある優しさに焦点化していこうと考えました。

【展開場面】

授業の実際の様子	教師の思考の流れ
T　では、始めてください。（子どもたちが、教科書に線を引き、学習プリントにどんな優しさか理由を書く） 　かえるくんの優しさが、一番分かるところとわけを教えてください。	➡よし、全員の子が集中して取り組めているな。
C　「かえるくんは、大いそぎで家へ帰りました。」のところで、大急ぎで帰ってがまくんにお手紙を書いてあげたから、優しいと思います。	➡やはり、「大いそぎ」に着目したな。
C　同じところで、「大いそぎで家へ帰りました。」と書	➡やはり、どちらの発言も急いでいることが、なぜ優し

いてあるから、優しいと思います。

T　ただ「かえるくんは、家へ帰りました。」じゃだめなの。

C　だめです。

C　だって、かえるくんは、がまくんにお手紙を早く書こうと思っているから、「大いそぎで」帰ったんだと思います。

C　同じです。（たくさんの子の反応）

C　「えんぴつと紙を見つけました。」のところで、急いでお手紙を書こうとしているところが優しいと思います。

T　今、「急いでお手紙を書こうとしている」と言ったけど、どうして、急いでいると分かるの。

C　ふつうだったら、「まず、えんぴつと紙を見つけました。つぎに紙に何か書きました。」と書いてあると思うけど、ここはそういう言葉がないから急いでいる感じがします。

C　ぼくは、音読のときにそこを早く読むと、かえるくんが急いでいる感じがしました。

T　ちょっと読んでみて。（少し早口で句読点を短めに読む）

いと思うのかについては、言葉にされていない。

● ポイント
➡「大急ぎ」がある場合と無い場合で比較させて、行動から分かる気持ちをとらえさせよう。

➡この子は、お手紙を書く場面のかえるくんも急いでいるようにイメージしているな。

➡接続語を用いていない表現の工夫から、急いでいることに気付いたんだな。

➡急いでいることを音読で感じ取った子がいる。本当に急いでいる感じがするか、全員に聞かせよう。

C　急いでる、急いでる。
T　急いでいる気持ちは、音読でも分かるんだね。
C　「がまがえるくんへ」のところで、このお手紙はがまくんへのお手紙だって分かるから、優しいと思います。
C　「がまがえるくんへ」と書いたのは、ちゃんとがまがえるくんに届くように大きな字で「がまがえるくんへ」と書いたと思うよ。
C　「家からとび出しました。」のところで、早くお手紙を届けたくて、家をとび出したところが優しいと思います。
T　「家から出ました。」じゃないの。
C　「家からとび出しました。」と書いてある。
C　普通に家を出たんじゃなくて、早く届けようと思って、とび出したんだよ。
C　「おねがいだけど、このお手紙をがまくんの家へもっていって、ゆうびんうけに入れてきてくれないかい。」のところで、がまくんに内緒にして届けたいから、かたつむりくんに頼んだところが優しいと思います。
C　がまくんに喜んでほしいから、お手紙を書いたんだと思います。

➡みんな、共感したようだな。

➡「がまがえるくんへ」という宛名に優しさを感じているんだな。

➡なるほど、この子は、文字の大きさをイメージして、やさしさを感じているのか。

➡ここでも、「出ました。」との比較をさせて、行動から分かる気持ちをとらえさせよう。

➡前時に考えた「しなくちゃいけないことが、あるんだ。」で、お手紙を書くことを内緒にした気持ちと同じように、内緒にしておく行動について気持ちを想像して読んでいる。

C　かえるくんがお手紙を書いたと分かってしまうから、自分で渡さずにかたつむりくんに頼んだところが優しいと思います。
T　かえるくんは、始めからかたつむりくんにお手紙を届けてもらおうと思っていたのかな。
C　違う。急いでいたから。
C　違う。たまたま、かたつむりくんに会ったから。
C　そうそう。早く誰かに渡そうと思って最初に会ったのがかたつむりくんだったんだよ。
T　みんなで、かえるくんの優しさを見つけてきたけど、今みんなが見つけたかえるくんの行動を見て気付いたことはありますか。
C　どれも、かえるくんが急いでいる。
T　そうだねえ。優しさを見つけているのに、急いでいるところが見つかったね。ところで、（間をあけて）「…さんが、大急ぎで朝ご飯を食べました。」は、優しいですか。
C　優しくない。
T　「…さんが、大急ぎで学校に来ました。」は、優しいですか。
C　優しくない。

⬇かえるくんが、がまくんのために急いでいたから、知り合いのかたつむりくんに頼んだことを捉えさせよう。

⬇「たまたま」という偶然性に気付いているぞ。

⬇どの会話や行動も「急いでいる」という共通点に気付かせよう。

⬇日常の経験と比較させて、ただ急いで何かをするのは優しくないことを理解させよう。

⬇よし、自分のために急ぐことは、優しくないと気付いているぞ。

T　でも、かえるくんが急いでいるのは……。（間）
C　優しい。
T　かえるくんが、急いでいることは、優しいですか。
（子どもたちが、学習プリントに自分の考えを書く）
T　では、かえるくんが急いでいるのは、優しいのか、優しくないのか。考えを発表してください。
C　急いでいると、優しいと思います。わけは、お手紙が早くがまくんに届いたら、がまくんの悲しい気持ちがすぐになくなるからです。
C　ちょっと似ていて、一度もお手紙をもらったことがないがまくんに早くお手紙をあげたくて、急いでいるからです。
C　がまくんが、悲しいのは誰もぼくにお手紙をくれる人がいないことでした。だから、お手紙をあげたら「ぼくにお手紙をくれる人がいた」と思って、きっと喜んでくれるから、かえるくんが急いでいるのは、優しいと思います。
C　さっき、「優しいか優しくないか」の話の時に思ったんだけど、大急ぎでやっても、人のためにやらなくて自分のためだったら、優しくなくて、がまくんのために急いでお手紙を書いているから、かえるくんは優

●ポイント
⬇かえるくんが、がまくんのために急いでいることは、優しいのかという深める問いに焦点化しよう。

⬇がまくんのために急いだことをおさえている。

⬇がまくんの悲しい理由を知って何かしてあげようと、とっさに行動したかえるくんの優しさに気付いている。

⬇「○○のために」という行動を特徴付けるキーワードが出たぞ。

しいと思います。
C　わたしも、自分のためじゃなくて、誰かのために急いですることは優しいと思います。
T　誰かのために、急いで何かをしたことがありますか。
C　あるある。
C　思い出しました。（たくさんの子どもの反応）
C　家族でお出かけをするときに、早起きをして大急ぎでお弁当を作ったよ。
C　お母さんの誕生日パーティの準備をするために、大急ぎで家に帰って宿題を終わらせたよ。
C　何だか、かえるくんみたい。
T　今日は、かえるくんのどんな優しさが見つかりましたか。
C　早くがまくんに届けようと思って、大急ぎで家に帰って、大急ぎで手紙を書いて、家をとび出して、かたつむりくんに手紙をわたしたところが全部優しかったです。
C　かえるくんががまくんに大急ぎでお手紙を書いたのは優しいと分かっていたけれど、みんなで話し合うとだれかのために大急ぎですることは、優しいと分かりました。

➡前の子の「がまくんのために」という発言から「誰かのために」とつないでいる。
➡自分の経験から、誰かのために急いだことを想起させて、かえるくんの行動に共感させよう。

➡がまくんのために急いだから、かえるくんの行動は優しいという本時のまとめにつながる発言を何人かにさせてから、まとめを書かせよう。

T　みんなで話し合って、がまくんのために急いでいるかえるくんの優しさが見つかりましたね。今日見つけたかえるくんの優しさをまとめましょう。

本時では、「かえるくんが急いでいると、なぜ優しいと思うのか」という課題について考えさせました。二年生の子どもたちの実態から、「優しいのか、優しくないのか」といきなり本題について話し合うことはせずに、かえるくんの行動は、どれも急いでいることに気付く→知識や経験を出させ、自分のために急ぐことは優しくないことを想起させる→かえるくんの行動はなぜ優しいのか考えるという流れで子どもたちの思考をゆさぶりながら、学習を展開しました。

本時、子どもたちには急いでいる場合とそうでない場合の表現を比較させながら、かえるくんの行動の背景にある「がまくんのために」という優しさについて考えさせていきました。

子どもたちは、漠然と「優しい」と思っていたかえるくんの行動のなかに、「がまくんのために」という観点をもったことで、さらにその「優しさ」に気付いていきました。

【終末段階で子どもたちが書いたかえるくんの優しさの例】

●今日見つけたかえるくんのやさしさは、はじめとくらべて、やっぱりかたつむりくんにお手紙をわたすところでした。がまくんに早くとどけたくて、たまたま出会った知り合いのかたつむりくんにわたしたところは、とてもやさしいと思いました。かえるくんは、今日のばめんで、ずっといそいでいたけど、それはがまくんのためにいそいでいたから、それもやさしさだと思いました。
●今日見つけたかえるくんのやさしさは、がまくんに早くお手紙をあげたいというかえるくんの気もちだと思いました。かえるくんは、ただお手紙を書くんじゃなくて、いそいで書きました。だれかのためにいそいですると、された人もうれしい気もちになると思います。だから、今日のかえるくんはとてもやさしいと思いました。

第3時 「がまくんに何度言い返されても、優しく話しかけるのは、かえるくんのどんな気持ちからか」について話し合う。

指導目標

○あきらめて昼寝するがまくんと、何度も話しかけるかえるくんの様子や気持ちを読み取り、「何度も優しく話しかけるのは、どんな気持ちからか」について考え、かえるくんの優しさを書きまとめられるようにすること。

お手紙

めあて
かえるくんのがまくんへの やさしさ を見つけながら読もう。

目をつけることば→かえるくんのかいわやこうどう

かえるくんの やさしさ が一ばん分かるところ

課題の共有

子どもの感想から、がまくんの家に帰ったかえるくんとがまくんの様子を問いかけ、かえるくんの会話や行動を見つけながら読むことを確認する。

それから、かえるくんはがまくんの家にもどりました。

あきらめる

↓がまくんといっしょにお手紙をまとう。

ゆうきづけたい。

がまくんに話した。

知らないふり↓まってほしい

がまくんをよろこばせたい。

「ひょっとして……くれるかもしれないだろう。」

ひょっとしてだれかが

はげまそう。

やさしい。

「きょうは、だれかがきみに……」

まってみようよ。

↓やさしいこえ

ぼくが書いたよ。

「きみは起きて……もうちょっとまってみたらいいと思うな。」

教科書11頁の挿絵掲示

がまくんになんど言われても、やさしく話しかけるのは、どんな気持ちなのかな

・早くかたつむりくん来てよ。
・もうちょっとまってほしい。
・来ないよ。どうしよう。
・がまくんといっしょにまちたい。（やさしさ）
・あきらめようかな。
・ぼくの書いたお手紙をまってほしいだけなんだ。（やさしさ）

教科書12頁の挿絵掲示

考えの発表

自分が見つけたかえるくんの優しさについて根拠となった本文のことばと理由を発表し合う。

深める問い

「優しく話しかけるのは、かえるくんのどんな気持ちからか」を問いかけ、がまくんにお手紙を待ってほしいと心から願うかえるくんの気持ちを話し合う。

考えのまとめ

話し合ったことをもとに、自分が見つけた「かえるくんの優しさ」をまとめる。

前時は、かえるくんのがまくんのために「急ぐ」行動から場面の様子を想像し、かえるくんの優しさについて話し合いました。

本時ではお手紙が来ないとあきらめているがまくんの様子を捉え、かえるくんとの会話のやりとりから、がまくんにお手紙を待ってほしいと願うかえるくんの優しさを読み取る学習を設定します。

【導入場面】

授業の実際の様子	教師の思考の流れ
T　前の時間は、がまくんのために急いでいるかえるくんの優しさについて読んでいきましたね。がまくんは、お手紙を待っていましたか。 C　待っていない。 C　お昼寝している。 T　がまくんは、眠いからお昼寝しているの。 C　お手紙なんて来ないと、あきらめて寝ている。 T　どうやら、がまくんはお手紙を待つ気がないようですね。みんなが初めに書いた「がまくんはどんなかえるか」の中でも、「がまくんは、あきらめやすくて怒っているかえるです。」とか「自分勝手で何でも言い	➡まずは、がまくんの様子を簡単にイメージさせよう。 ➡がまくんが昼寝している行動とお手紙を待つ気になれないことを結び付けさせたい。 ➡初読の感想から、がまくんについての感想を紹介して、多くの子が感じているがまくんの人物像を共有しよう。 ➡そのがまくんと対照的なかえるくんの姿を簡単にイメ

返すかえるです。」と書いていました。そんながまくんにかえるくんはどうしたかな。

C お手紙を待ってみたらって言った。

T 今日もかえるくんの優しさが見つけられそうかな。

C 見つけられる。

T どんなところに注目して読んでいけばよかったかな。

（多くの子が挙手）

C 行動や会話です。

T よく覚えていましたね。では、今日学習する場面について確認しておきましょう。

C がまくんの家です。

T そうですね。がまくんの家の場面は、少し長いので、今日は十一ページの「それから、かえるくんは、がまくんの家へもどりました。」から十三ページの「今まで、だれも、お手紙くれなかったんだぜ。きょうだって同じだろうよ。」までの中から、かえるくんの優しさを見つけていきましょう。

ージさせて、本時の学習の見通しをもたせよう。

➡よし、見通しがもてているようだ。

➡行動や会話に着目する読み方が意識できてきたようだ。

➡場面分けの学習を想起させて、今日の場面の「場所」を意識させよう。

本時の学習の見通しをもたせるために、お手紙を待つ気がないがまくんと待ってほしいかえるくんとの対照的な様子をイメージさせていきました。

まず、かえるくんががまくんの家にもどった時の場面の様子を想像させながら、子どもたちの初読の感想にあった「あきらめやすい」「すぐ言い返す」「自分勝手」「怒りっぽい」といったがまくんの人物像を紹介しました。そうすることで、対照的なかえるくんの姿が浮かび上がり、「今日の場面でも、かえるくんはがまくんのためにいろいろな行動や会話をしているはずだ」という見通しを持たせることができます。

【展開場面】

授業の実際の様子	教師の思考の流れ
T　かえるくんのがまくんへの優しさが一番分かる行動や会話は、どこですか。教えてください。	↓行動や会話の裏にあるかえるくんの思いを感じ取った子どもの発言を意識して聴いていこう。
C　「きみ、おきてさ、お手紙が来るのを、もうちょっとまってみたらいいと思うな。」のところで、かえるくんは、自分が書いたお手紙が来ると自分で分かっているから、待ってほしいんだと思います。 C　似ています。お手紙を待っていたら、きっと来ると分かっているからです。	↓分かっているけど、言わないかえるくんの気持ちを感じ取っているな。
T　「きみ、おきてさ…」の会話のどの言葉からがまくんに待ってほしいという気持ちが分かるの。 C　「きみ、おきてさ」という言葉です。	↓会話の中の言葉に目を向けさせよう。

C　「もうちょっと」のところです。
C　言い方です。優しく言っていると思います。
T　なるほど。会話の全部じゃなくて、一つの言葉にも優しさが入っているんだね。
C　他にもあります。「ひょっとして、だれかが、きみにお手紙をくれるかもしれないだろう。」のところで、かえるくんががまくんを元気づけようとしていると思います。
C　その中の「ひょっとして」という言葉が、お手紙が届くかもしれないとがまくんに思ってほしいんじゃないかと思う。
C　「だれかが」という言葉から誰かがくれるかもしれないよと知らないふりをしてお手紙を待っている優しさがあると思います。
T　「ひょっとして」からのところで、かえるくんが知らないふりをしていることは、どの言葉から分かりますか。
C　「ひょっとして」という言葉です。
C　「だれかが」という言葉です。
C　だれかがっていうのは、知らないふりをしているけど待ってほしいってことじゃないかな。

➡言葉に着目させることで、言い方にも優しさを感じ始めたな。他のかえるくんの会話でも同じように問いかけてみよう。

➡「元気づけようとしている」、会話の裏にある思いを感じ取っているな。

➡知らないふりをしながら、お手紙を待つ気にさせようとする言葉を見つけさせよう。

C　がまくんを喜ばせたいんだと思う。
T　よく見つけましたね。
C　他にも優しさを見つけました。今日の場面の始めの「それから、かえるくんは、がまくんの家へもどりました。」のところです。
T　かえるくんががまくんに話しかける前のところから、優しさを見つけたんだね。どんな優しさですか。
C　がまくんの家に行って一緒にお手紙を待とうとしたから、優しいと思います。
T　ここは、…さんだけが優しさがあるよと言っているんだけど、みんなもそう思いますか。
C　優しいと思います。わけがちょっと違って、お手紙を書き終わったのに、また元気づけようとがまくんの家にもどってあげたからです。
T　…さんも言っていたけど、「また元気づけよう」ってどういう意味ですか。
C　最初にがまくんの家に行った時に、がまくんがお手紙をもらったことがないと聞いて、その後家に帰ってお手紙を書いてから、またがまくんの家にもどったのが「また元気づける」ってこと。
C　ああ。「また」ってそういうことか。

➡がまくんの家に戻った行動に優しさを読み取っている。ここに着目した子は他にはいなかった。

➡がまくんの家に戻る行動の裏にどんな思いがあるのか聴いてみよう。

➡がまくんの家に戻った理由を考えられているな。全体に広げよう。

➡この子が「また元気づけよう」という言葉を使った意図を聞いてみたい。

➡がまくんの家にまた戻って「一緒に」お手紙が来るのを待つという意味なんだな。ここは後で扱おう。

C　他にもあって、「きょうは、だれかが、きみにお手紙くれるかもしれないよ。」のところで、がまくんを励まそうとしているのが優しいと思います。

T　どの言葉からかえるくんが、がまくんを励まそうとしているかが分かりますか。

C　「きょうは」という言葉です。今日こそお手紙が来るかもしれないから。

C　「だれかが」という言葉です。「だれかが」って言っているけど、本当は「ぼくが」って言いたいのに言えないから「だれかが」って言ってる。

C　ここも、さっきの「ひょっとして」のところと同じで言い方が優しいと思う。

T　なるほど。かえるくんは、お手紙を待ってほしいから優しく話しかけているんだね。がまくんは、待つ気になってくれましたか。

C　いや。言い返している。

T　どんなふうに。

C　「いやだよ。」

C　「そんなこと、あるものかい。」

C　「ばからしいこと、言うなよ。」

C　だんだん言い方が強くなってる。

➡一つ一つの会話文から子どもたちは優しさを感じ取っているようだな。

➡前のかえるくんの会話と同じようにがまくんを待つ気にさせる言葉に目を向けさせよう。

➡かえるくんの「ぼくが」って言いたい気持ちを想像しているな。

➡ここでも優しく語りかけるかえるくんのイメージが浮かんでいるようだ。

➡何度も話しかけるかえるくんと、繰り返し言い返すがまくんのやりとりをイメージさせて、深める問いを投げかけよう。

➡かえるくんが話しかけるが、その度に言い返すがまくんとの会話の繰り返しに気付かせたい。

C　怒っているみたい。
T　みんなでかえるくんになって音読してみよう。
（教師はがまくんと地の文を、子どもたちがかえるくんを役割音読する。）
T　がまくんに何度言われても、優しく話しかけるのは、かえるくんのどんな気持ちからかな。
（子どもたちが、学習プリントに自分の考えを書く）
T　では、かえるくんのどんな気持ちからか教えてください。
C　早くかたつむりくん、来てくれないかな。お手紙が届いたらがまくん、きっと喜ぶだろうな、という気持ちです。
C　ぼくが書いたお手紙が届くまで待ってよ。という気持ちです。
C　かたつむりくん、来ないな。どうしよう。という気持ちです。
T　どうしようって、もう少し詳しく言うと。
C　お手紙は来ないし、がまくんは待ってくれないし、困ったなという気持ち。
T　かえるくんは、お手紙が来ないかも、と思っているの。

ポイント

⬇役割音読をして、何度言われてもやさしく話しかけるかえるくんの心情を想像させよう。

⬇この子は期待感を述べているな。

⬇この子は、がまくんに対する願いのような気持ちを表現している。

⬇早くお手紙が来てほしい、でもお手紙が来ないという困っているかえるくんの気持ちが出てきた。

C　わたしは、そうじゃないと思います。きっと来るよ。絶対来るよ。だから一緒に待とうよ、という気持ちです。
T　「一緒に」ってどういうこと。がまくんにお手紙を待ってほしいんだよね。かえるくんはお手紙を待たなくていいと思うけど。
C　えっと。かえるくんは、お手紙が来るって分かっているから、がまくんが待つときに一緒にいたいんだと思う。
C　がまくん、どうして待ってくれないんだい。という気持ちです。
T　かえるくん、ちょっと怒ってるかな。
C　うーんと。怒っているっていうか、なんでって気持ち。待ってくれないから。
C　…さんに似ていて、がまくんも待ってみたら。お手紙が絶対に来るから、という気持ちです。
C　あきらめようかな。でも、お手紙が来るのをもうちょっと待ってみようかな、という気持ち。
T　かえるくんは、迷っているの。
C　ぼくは迷っていないと思います。だって、もし迷っていたらぼくだったらイライラして怒ってしまうけど、

➡「一緒に」という言葉が出た。

➡かえるくんには待つ理由がないと、ゆさぶろう。

➡がまくんと一緒にお手紙を待ちたいという二人で一緒にいることの優しさをとらえている。

➡お手紙を待つ気になかなかなってくれないがまくんに、やきもきしているかえるくんの心情をよくとらえているな。

➡この子は、かえるくんにお手紙を待つことへの迷いがあるように感じているのかな。この子の発言から、かえるくんが何度も話しかける行動に着目させよう。

かえるくんは優しく話しかけています。だから、迷っていないと思います。

C　今の…くんに付け加えです。そんなこと言われてもずっと優しく言うぞ。だって、ぼくがお手紙を書いたんだから。だから、がまくんはぼくの書いたお手紙を待つだけなんだから、という気持ちです。

T　そんなこと言われても、ずっと優しく言うぞっていうくらい、強い気持ちなんだね。だから、何回も言ってるんだね。みんな、…さんが言った「待つだけ」ってどういう意味だと思う。

C　お手紙を待つ気になってほしいという意味。

C　がまくん、頼むからお手紙を待ってくれよ。それだけでいいから。という意味。

C　そうそう、待つ気になってほしい。

T　何度もがまくんに言うところも優しさなんだね。みんなで話し合ってがまくんに待つ気になってほしくて話しかけるかえるくんの優しさが見つかりましたね。今日見つけたかえるくんの優しさを書きまとめましょう。

➡何度も繰り返し話しかける気持ちの強さを感じ取っている。

➡「待つだけ」、思いがこもった言葉だな。

➡何度も話しかけるかえるくんの行動の理由を確認した後で、「待つだけ」という言葉から感じられるかえるくんのがまくんへの思いについて共有させよう。

本時の場面では、がまくんとかえるくんの会話を中心に展開されます。そこで、会話文の役割音読から、何度も話しかけるかえるくんの心情を想像させ、何度言い返されても話しかけるかえるくんの優しさを読み取れるようにました。

また、「どんな気持ちからか」という発問では、子どもが「〇〇な気持ち」とまとめるのと、かえるくんの気持ちを吹き出しに書くのとでは、表現の仕方が変わってきます。今回は、低学年の子どもが書きやすいように吹き出しにかえるくんの気持ちをかえるくんの言葉で書かせるようにしました。

【終末段階で子どもたちが書いたかえるくんの優しさの例】

●今日見つけたかえるくんのやさしさは、かえるくんがお手紙を書いたのが分からないように「だれかが、きみにお手紙をくれるかもしれないだろう。」と言ったところがやさしいと思いました。

●今日見つけたかえるくんのやさしさは、がまくんがお手紙をまつ気になるために何どもはげましているところだと思いました。かえるくんはがまくんと親友だと思っているから何ど言いかえされても、やさしく話しかけたんだと思います。

●今日見つけたかえるくんのやさしさは、…くんが言っていたがまくんにお手紙をまってほしいし、まつだけなんだというところだと思います。あきあきしているがまくんに、お手紙をまってほしくて何どもやさしく話しかけたところが、やっぱりやさしいと思いました。

第4時　「二人の幸せな気持ちは同じなのか」について話し合う。

指導目標

○がまくんにお手紙を待ってほしくて我慢できずにお手紙のことを言ってしまうかえるくんとそれを知ったがまくんの様子や気持ちを読み取り、「二人の幸せな気持ちは同じか」について考え、かえるくんの優しさを書きまとめられるようにすること。

お手紙

めあて　かえるくんのがまくんへのやさしさを見つけながら読もう。

目をつけることば↓かえるくんのかいわやこうどう

かえるくんのやさしさが一ばん分かるところ

→がまくんのかわりに

課題の共有

子どもの感想から、お手紙を待つ気がないがまくんへのかえるくんの気持ちを問いかけ、かえるくんの会話や行動を見つけながら読むことを確認する。

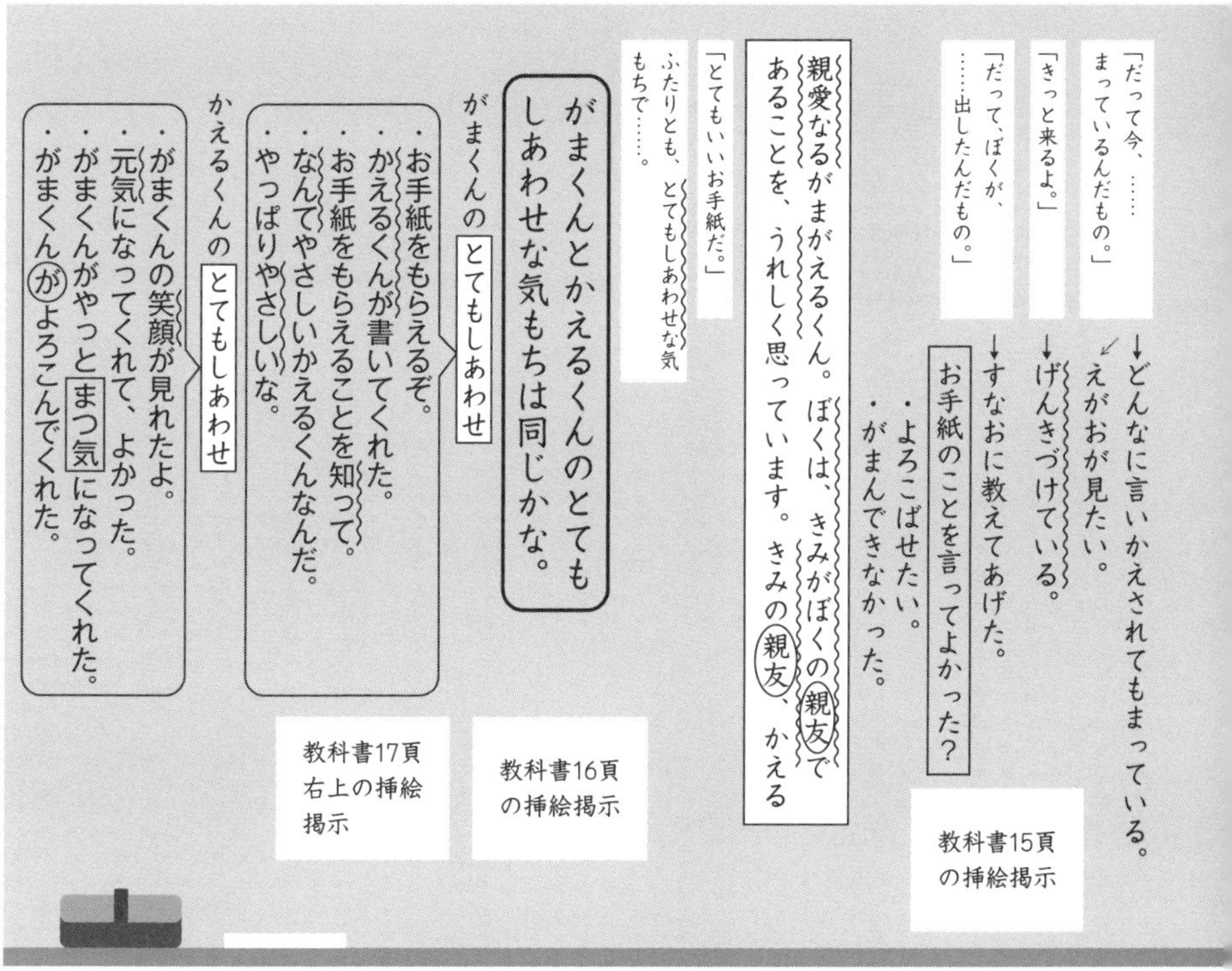
「だって今、……まっているんだもの。」
→どんなに言いかえされてもまっている。
「きっと来るよ。」
↙えがおが見たい。
→げんきづけている。
「だって、ぼくが、……出したんだもの。」
→すなおに教えてあげた。
お手紙のことを言ってよかった？
・よろこばせたい。
・がまんできなかった。
教科書15頁の挿絵掲示
親愛なるがまがえるくん。ぼくは、きみがぼくの親友であることを、うれしく思っています。きみの親友、かえる
教科書16頁の挿絵掲示
「とてもいいお手紙だ。」
ふたりとも、とてもしあわせな気もちで……。
がまくんとかえるくんのとてもしあわせな気もちは同じかな。
がまくんの とてもしあわせ
・お手紙をもらえるぞ。
・かえるくんが書いてくれた。
・お手紙をもらえることを知って。
・なんてやさしいかえるくんなんだ。
・やっぱりやさしいな。
教科書17頁右上の挿絵掲示
かえるくんの とてもしあわせ
・がまくんの笑顔が見れたよ。
・元気になってくれて、よかった。
・がまくんがやっとまつ気になってくれた。
・がまくんがよろこんでくれた。

考えの発表

自分が見つけたかえるくんの優しさについて根拠となった本文のことばと理由を発表し合う。

深める問い

「かえるくんは、何がとても幸せなのか」を問いかけ、幸せな気持ちになったがまくんを見て自分も幸せになるかえるくんの優しさについて話し合う。

考えのまとめ

話し合ったことをもとに、自分が見つけた「かえるくんの優しさ」をまとめる。

前時は、何度言い返されてもがまくんに話しかけるかえるくんの行動や会話から優しさについて話し合いました。

本時では、お手紙を待つ気になってくれないがまくんに対してかえるくんがとった行動とがまくんの反応を追いながら、かえるくんがとった行動の背景にある優しさを想像していきます。さらに、がまくんの心情の変容とそれに伴って変容するかえるくんの心情も読み取らせたいところです。

そこで、がまくんとかえるくんが「とてもしあわせ」な気持ちになった理由を考えた上で、二人の「とてもしあわせ」な気持ちは同じなのかについて話し合う学習を設定しました。

【導入場面】

授業の実際の様子	教師の思考の流れ
T　前の学習のまとめの中に、今日の学習につながる文章を書いていた人がたくさんいました。…さん、紹介してください。 C　がまくんに「起きてお手紙が来るのをまってほしい」と思っているかえるくんの優しさが分かりました。でも、かえるくんはずっと言えないままだけど、このままがまんできるかなと思います。早く次の場面を読	⬇お手紙を待ってほしいかえるくんと待つ気のないがまくんの気持ちのずれが感じられる子どもの感想を紹介しよう。

みたいです。」
T　かえるくんは我慢できるのかなって、何を我慢しているの。
C　お手紙を書いたことを内緒にしておくこと。
C　お手紙をかたつむりくんが届けてくれていること。
T　そうだね。がまくんに内緒にしておくことがかえるくんの優しさだって、みんなは言ってましたね。今日の場面で、かえるくんは最後まで内緒にできたかな。
C　できない。
C　無理。
T　えっ、じゃあ、今日の場面では、かえるくんの優しさは見つけられそうもないかな。
C　見つけられる。
C　優しさがあります。
T　それでは、今日も行動や会話に着目して、かえるくんの優しさを探せそうかな。今日の場面の場所はどこですか。
C　がまくんの家の中から、がまくんの家の玄関に出るところ。
T　十四ページの「かえるくんは、まどからのぞきました。」から十六ページの「ふたりとも、とてもしあわ

➡「我慢している」という表現から、かえるくんのお手紙を待ってほしいという気持ちが高まっていることをおさえておこう。

●ポイント
➡内緒にしておくことが優しさだと言っていた学級の子どもたちに、矛盾を突きつけてゆさぶり、学習に対する意欲をもっと高めよう。

➡優しさを見つけようという雰囲気になってきた。

➡場面の確認をしよう。

せな気もちで、そこにすわっていました。」までの中で、かえるくんの優しさを見つけていきましょう。

導入場面で、前時に話し合ったかえるくんの状況や気持ちを一気に想起させるために、「我慢できるかな」と表現した子の感想から、「何を我慢しているのか」について問いかけました。そして、かえるくんが最後まで内緒にできないことを確認し、前時までがまくんに内緒にしておくことが優しさだと答えていた子どもたちに、「この場面でも優しさが見つけられるのか。」と挑発することで、子どもたちの学習に対する意欲を高めていきました。

【展開場面】

授業の実際の様子	教師の思考の流れ
T　かえるくんのがまくんへの優しさが一番分かるところは、どこですか。 C　「だって、今、ぼく、お手紙をまっているんだもの。」のところです。わけは、がまくんのためにかえるくんがお手紙を待っているからです。 C　似ています。がまくんにどんなに言われても、ずっと言わないようにしているところが優しいと思います。	➡かえるくんがお手紙のことを話してしまう山場まで、意図的に順を追って叙述を発表させよう。

C　がまくんのかわりに、お手紙を待っているところが優しいと思います。
T　「かわりに」ってどういうこと。
C　がまくんがお手紙を待ってくれないから、がまくんのかわりにお手紙を待っているってこと。
C　同じところで、がまくんの笑顔を見たいからずっと待っているんだと思う。
C　「きっと来るよ。」のところです。わけは、「きっと来るよ。」と言ってがまくんを元気づけているからです。
C　「だって、ぼくが、きみにお手紙出したんだもの。」のところです。わけは、お手紙を書いたことを素直にがまくんに話したからです。
C　同じところで、お手紙のことを教えてあげたところが優しいと思います。
T　あれ。今までかえるくんは、お手紙のこと内緒にしていたよね。教えてよかったの。
C　だめだよ。
T　がまくんは、どんな様子ですか。
C　がまくんびっくりしているよ。
C　かえるくんは、がまくんを喜ばせたかったから言っ

➡がまくんの「ためにに」と、がまくんの「かわりに」で表現が違っている。どんな考えから「かわりに」という表現を使ったのだろう。

➡「笑顔が見たい」「元気づけている」と、子どもたちの解釈が出てきているな。

➡かえるくんがお手紙のことを話してしまう叙述が出たぞ。お手紙のことは内緒にしていたはずだとゆさぶってみよう。

➡かえるくんからお手紙のことを聞いたがまくんの様子をとらえさせたい。

てしまったんじゃないかな。
C　我慢できなかった。
C　お手紙のことを言えば、がまくんが待ってくれると思って言ってしまった。
T　今日の始めに、…さんがお手紙を書いたことを我慢できるかなと言っていたけど、かえるくんはついにお手紙の中身まで言ってしまったね。お手紙に何て書いたのだろう。みんなで読みましょう。
（子どもたちが、お手紙の中身『親愛なるがまがえるくん。ぼくは、きみがぼくの親友であることを、うれしく思っています。きみの親友、かえる。』を音読する）
T　お手紙のどの言葉から優しさを感じますか。
C　「親愛なるがまがえるくん」のところで、がまくんのことを親友だと思ってお手紙に書いているところが優しいと思います。
C　「きみの親友かえる」です。
C　「きみがぼくの親友であることを」のところです。
T　「きみの親友」って書かれていたら、がまくんは、どんな気持ちなんだろうね。
C　とってもうれしい。
T　さっき…さんが言っていた親愛ってどんな意味か分

➡「言ってしまった。」から、本当のことを言ったことが本意ではなかったと感じているな。

➡お手紙のことを話してしまったけれど、それもがまくんを待つ気にさせたい気持ちからだったと読んでいるな。

➡お手紙の内容からも、かえるくんのがまくんへの優しさを見つけさせるために、ここはゆっくり音読させよう。


➡早速、見つけてきたぞ。表現に目を向けさせよう。


➡がまくんの立場からかえるくんの優しさを感じさせたい。

➡「親愛」の意味を考えさせよう。かえるくんとがまくかりますか。

C　親友みたいな。

C　大切な友達みたいな。

C　かえるくんとがまくんみたいな。

T　先生の辞書には、「人に親しみと愛情をもっていること。またそのさま。」と書いてあります。なるほど。初めて聞く言葉だけど、かえるくんとがまくんみたいな二人のことなんだね。

C　他にも優しさがあります。「ふたりとも、とてもしあわせな気もちで、そこにすわっていました。」のところです。わけは、かえるくんが怒らないで、にこにこしてお手紙を待っているからです。

T　（挿絵を見て）本当だね。そういえば、前にも「ふたりとも」が出てくるところがなかったかな。

C　あった。最初の場面にふたりとも「かなしい」気分と書いてありました。

T　今日の場面では。

C　「ふたりともとてもしあわせ」。

T　最初の場面で悲しかった二人は、今日の場面ではとても幸せになっているね。

（挿絵を見せながら）がまくんは、始めは悲しい気

んのような関係と結びつけてほしい。

ポイント

⬇辞書での解説も紹介して、辞書を使うことの有効性を感じさせよう。

⬇最後のところに着目しているな。

⬇最初の場面と比べさせて、がまくんの気持ちがどう変容したのかとらえさせよう。

⬇最初の場面と今日の場面との変容とその理由について考えさせたい。

持ちだったのに、今日のがまくんは何が幸せなんですか。（子どもたちが学習プリントに考えを書く）

C　がまくんは、お手紙をもらえるから幸せだと思います。

C　他にもあります。お手紙の中の「きみの親友、かえる。」という言葉がうれしくて幸せだと思います。

C　まだ、お手紙をもらってないけど、かえるくんからのお手紙をもらえると知ったから幸せだと思うよ。

C　幸せになったのは、「なんてやさしい、かえるくんなんだ」という気持ちになったからだと思います。

T　がまくんが、とても幸せなのは、かえるくんからお手紙をもらえることだけではなくて、かえるくんが自分のことを思ってくれる優しい友達だからでもあるんだね。

C　そう、そう。

T　でもね、（挿絵を指しながら）かえるくんは、何ももらってないよ。かえるくんは何が幸せなんだろう。（間をあける）プリントに書いてみてください。（子どもたちが考えをプリントに書く）

T　では、かえるくんは何が幸せなのか、教えてください。

➡がまくんの理由について考えさせた後で、かえるくんの理由について問いかけよう。

➡「手紙をもらえること」に幸せを感じているという意見だな。

➡音読したお手紙の中身の言葉を意識しているな。

➡「かえるくんからの」お手紙をもらえることがうれしいということに気付いている。

➡自分にとってのかえるくんの存在に幸せを感じているという意見だな。ここで、その違いをまとめておこう。

➡ここで、かえるくんの理由について考えさせよう。

C　お手紙のことを言ってしまったけれど、がまくんの笑顔が見られてうれしいから。
C　さっき、…さんが「きっと来るよ。」のところでがまくんを元気づけたいと言っていたけど、がまくんが元気になってくれたから、幸せなんだと思う。
C　がまくんがお手紙を待つ気になってくれたから、うれしくて幸せなんだと思う。
C　がまくんの最初のお手紙をかえるくんが書いてよかったなと思って幸せなんだと思う。
T　かえるくんが、がまくんのためにお手紙を書いたり待つ気にさせたりしたことで、がまくんは幸せになった。そのことが、かえるくんはうれしかったんだね。
かえるくんにとって、何がとても幸せなのかが見えてきたね。二人の幸せな気持ちは同じかな。
C　二人の幸せは違うと思います。だって、がまくんはお手紙をもらえるから幸せで、かえるくんはがまくんが喜んでくれたのが幸せだからです。
C　わたしも、違うと思います。だってかえるくんは、がまくんのために急いでお手紙を書いて、だからがまくんにずっとお手紙を待ってほしくて、やっと待つ気になってくれたからです。

⬇「がまくんが幸せになったこと」が、かえるくんの幸せだということには気付いているようだ。

⬇自分がしたことががまくんの喜びにつながったことに幸せを感じている意見だな。

⬇かえるくんが幸せになった理由についてまとめよう。

⬇二人の幸せは同じか違うかを考えることで、二人の関係について改めて考える深める問いを投げかけよう。

⬇やはり、違うという意見は、さっきの二人の理由の違いから生まれてくるだろう。

⬇同じという子の場合は、お互いを思う心の絆のようなものを感じ取っている可能性がある。

C　違うと思ってたけど、ちょっと同じかもしれない。だって、前の場面はがまくんが、悲しくなるとかえるくんも悲しくなったよね。

C　うんうん。

C　今日は、がまくんが幸せになると、かえるくんも幸せになるよ。だから、気持ちは同じなんじゃないかな。

T　その同じとか一緒の気持ちになるというところが、かえるくんががまくんを大切に思っているってことなんだね。

T　今日見つけたかえるくんの優しさを書きましょう。

（子どもたちがまとめを書く）

➡同じだという考えが出たぞ。詳しく聴いてみよう。

➡他の子も聴いているな。

➡この子は、幸せになった理由は違うが、がまくんの気持ちにかえるくんが共感するところに注目しているようだ。

本時は、「かなしい」気持ちだったがまくんが、かえるくんからのお手紙をもらえることを知って「しあわせ」な気持ちに変容する場面です。がまくんの変容は同時にかえるくんの気持ちも変容させます。そのことを読み取らせるために、がまくんの幸せな気持ちとその理由、かえるくんの幸せな気持ちとその理由、二人の幸せは同じかと問う流れで学習を展開しました。がまくんの変容を扱わなかったので、「ああ。」「とてもいいお手紙だ。」については触れませんでした。時間に余裕があれば、本時場面を二時間に分けて、かえるくんのお手紙の文面から、自分にとってのかえるくんの存在の大切さに気付くがまくんの変容について話し合うこともできます。そうした方が、より深く二人にとっての幸せについて考えさせることができたかもしれません。

【終末段階で子どもたちが書いたかえるくんの優しさの例】

●今日見つけたかえるくんのやさしさは、「だって、ぼくが、きみにお手紙出したんだもの。」のところです。ないしょにしていたお手紙のことをがまんできなくて言ってしまったけど、言ったほうががまくんはずっとよろこんでくれました。だから、ここがやさしいと思います。

●今日見つけたかえるくんのやさしさは、二人でいっしょにお手紙をまっているところです。かえるくんがお手紙のことを言うまで、がまくんはまってくれなかったけど、言ってからはがまくんがいっしょにまってくれました。そして、がまくんがしあわせになるとかえるくんもしあわせになりました。二人でまっているところが、一ばんやさしかったです。

第5時　「お手紙が届く場面のおもしろさ」について話し合う。

指導目標

○お手紙が届く場面のおもしろさとその理由を話し合い、さらに物語全体から人物の会話や行動、繰り返しの表現、挿絵などに着目しながら、おもしろさについて考え、書きまとめられるようにすること。

お手紙

めあて
さいごのばめんを おもしろさ を見つけながら、読もう。

教科書10頁の挿絵掲示

すぐやるぜ。

「まかせてくれよ。」「すぐやるぜ。」

↘「すぐやるぜ。」

課題の共有

子どもの感想から、おもしろさを見つけながら読むことを確認する。

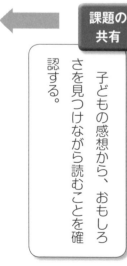

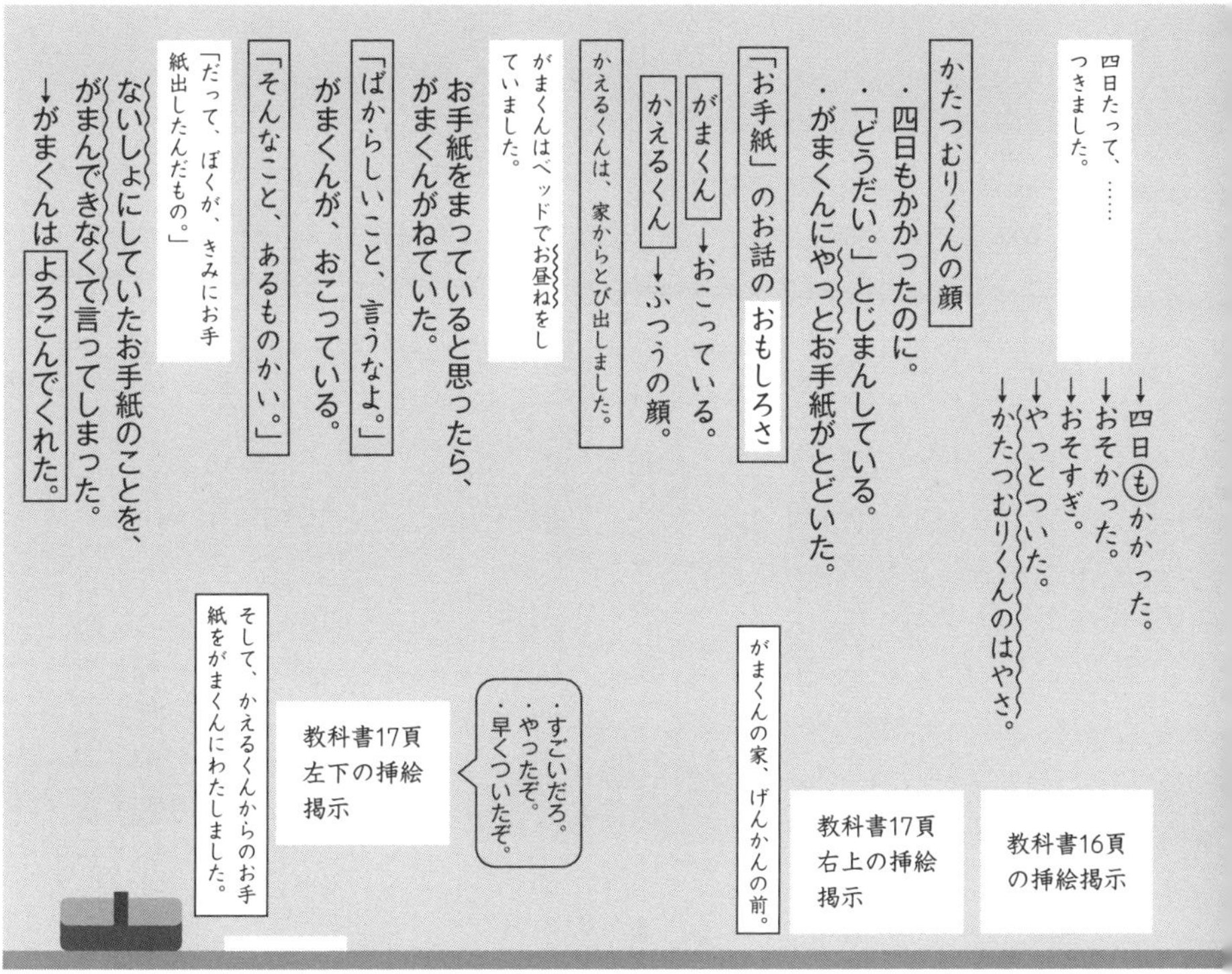
四日たって、……つきました。

↓四日もかかった。

↓おそかった。

↓おそすぎ。

↓やっとついた。

↓かたつむりくんのはやさ。

かたつむりくんの顔
・四日もかかったのに。
・「どうだい。」とじまんしている。
・がまくんにやっとお手紙がとどいた。
「お手紙」のお話のおもしろさ
がまくん→おこっている。

かえるくん→ふつうの顔。

かえるくんは、家からとび出しました。

がまくんはベッドでお昼ねをしていました。

お手紙をまっていると思ったら、がまくんがねていた。

「ばからしいこと、言うなよ。」

がまくんが、おこっている。

「そんなこと、あるものかい。」

「だって、ぼくが、きみにお手紙出したんだもの。」

ないしょにしていたお手紙のことを、がまんできなくて言ってしまった。

↓がまくんはよろこんでくれた。

がまくんの家、げんかんの前。

教科書16頁の挿絵掲示
教科書17頁右上の挿絵掲示
・すごいだろ。
・やったぞ。
・早くついたぞ。
教科書17頁左下の挿絵掲示
そして、かえるくんからのお手紙をがまくんにわたしました。

考えの発表

お手紙が届く場面のおもしろさについて根拠となった本文のことばと理由を発表し合う。

→

深める問い

物語全体を読み、会話や行動、表現に着目しながら見つけたおもしろさにについて話し合う。

→

考えのまとめ

話し合ったことをもとに、自分が見つけた「『お手紙』のおもしろさ」をまとめる。

第1時から第4時までは、「かえるくんのがまくんを思う優しさ」という観点から、その気持ちが伝わってくる行動や会話に着目して読んできました。ここまで子どもたちは、かえるくんの気持ちに寄り添い、人物に共感しながら、物語を読み進めています。
　ここで、「読者として感じる物語のおもしろさ」という違う観点から物語を読ませる学習を設定します。子どもたちは、物語の中に入り込むのではなく、物語を外から眺めながら、自分が思わずくすっと笑ってしまうユーモアや「しかけ」について考えていくことになります。

【導入場面】

授業の実際の様子	教師の思考の流れ
T　今まで何を見つけながら読んできましたか。 C　かえるくんの優しさ。 T　今までの場面でかえるくんの優しさが、たくさん見つかったんだけど、最初の感想で、「くすっとわらってしまったところ」をたくさんの人が書いていました。「お手紙」には笑ってしまうところやおもしろいところがありますか。 C　あるある。 C　今日の場面にもある。	⬇今日は、「おもしろさ」の観点で読んでいくことについて課題を持たせよう。 ⬇多くの子が「おもしろさ」を見つけていたことを先に伝えて、問いかけよう。 ⬇よし、「おもしろさ」を見つけながら読んでいくとい

授業の実際の様子	教師の思考の流れ
T　では、今日はね、十七ページの最後の場面をこの物語のおもしろさを見つけながら読んでいきましょう。	う課題を共有できたぞ。

初読の感想に「くすっと笑ってしまったところ」という観点で書かせました。そのことを想起させながら、みんながこの物語におもしろさを感じていることを共有し、そのおもしろさを見つけようという課題意識をもたせるようにしました。

展開場面でのおもしろさの見つけ方については、最初に物語の最後の三文に絞ることで、「お手紙」のおもしろさを焦点化し、その後物語全体に広げることで、物語の「しかけ」に気付かせていくようにします。

【展開場面】

授業の実際の様子	教師の思考の流れ
T　最後の場面には、どんなおもしろさがあるのか、面白さを感じたところに線を引いて、そのわけを書きましょう。（子どもたちがプリントの本文に線を引き、おもしろさを感じたわけを書く） T　では、見つけたおもしろさを教えてください。	➡初読の感想から判断すると、子どもたちは三つの文から、物語のおもしろさを見つけられるだろう。

C　「四日たって、かたつむりくんが、がまくんの家につきました。」のところで、かえるくんが頼んだ時に「まかせてくれよ。」と言ったのに、四日もかかったところがおもしろいです。
C　同じところで、「すぐやるぜ。」と言っていたのに、四日もかかったからです。
T　「四日も」の「も」って、どうして「も」なの。
C　そんなに時間がかかるとは思わなかった。
C　かたつむりくんは、一生懸命急いで来たと思うけど、四日かかったのが遅すぎると思って、すごくおもしろいです。
C　似ています。かたつむりくんがすごく急いでいるのに、すごく遅いっていうのがおもしろい。
C　お手紙が届いたところの挿絵です。かたつむりくんは四日もかかったのに、「届けたぜ。」と自慢しているみたいです。
T　最後の場面には会話はないけど、かたつむりくんは何と言っていると思う。
C　すごいだろ。
C　届けたぜ。
C　やった。早く着いたぞ。

➡初読の感想でも、この「四日たって」のところがおもしろいと感じた子が圧倒的に多かった。

➡「四日も」の「も」という言葉に長い時間という意味が込められているな。

➡かたつむりくんだからこそ、四日かかったことを伝えようとしているんだな。

➡「急いでいる」ことと届くのが「遅い」という反対の意味の言葉からおもしろさを感じている。
➡挿絵を手がかりに、四日かかったことへのかたつむりくん自身の思いが出された。

➡かたつむりくんのつぶやきを想像させてみよう。

➡やはり全く悪気を感じずに、「早く着いた」と考えているかたつむりくんの人物像におもしろさを感じている。

C　挿絵のおもしろいところがまだあって、かえるくんはたしか郵便受けに入れて来てくれないかいと頼んだのに、かたつむりくんは手渡しをしています。
C　手じゃなくて口で渡しているよ。
C　あっ、本当だ。
T　どうして、かたつむりくんは郵便受けに入れずに直接渡したんだろう。
C　たぶん、かたつむりくんはやっとがまくんの家に着いたから、早く渡したくてそのまま渡したんだと思うよ。
T　そうか。かたつむりくんも少しでも早くがまくんにお手紙を届けたかったんだね。
　最後の場面にはおもしろさがたくさんありましたね。お手紙のお話全体にもおもしろさがありそうですか。
C　あるある。挿絵からでもいいですか。
T　いいですよ。お手紙のお話全体からおもしろさを見つけてみましょう。（子どもたちが、教科書を最初から読み、おもしろさを見つけていく）
T　お話全体から「おもしろさ」を見つけましたか。
C　かえるくんが、かたつむりくんにお手紙をがまくんに届けてと頼む場面で、絵のかたつむりくんが何だか

➡挿絵に着目させることで、他のおもしろさにも気付いた子が出てきた。

➡かたつむりくんの行動の理由も想像させてみよう。

➡かたつむりくんの急いでいる気持ちとつなげて考えているな。

➡最後の場面の「おもしろさ」から物語全体の「おもしろさ」へ広げよう。

➡結末を踏まえて、物語の「しかけ」に関わる場面にす

かっこつけているところが、おもしろい。
C 「すぐやるぜ。」とかっこよく言っているところもおもしろいよ。
C かえるくんが、足が遅いかもしれないかたつむりくんに渡したところがおもしろい。
T かえるくんは、かたつむりくんが足が遅いと知っていたのかな。
C 急いでいたから、知り合いのかたつむりくんにすぐ渡した。足が遅いのは知らないと思うよ。
C かえるくんが、がまくんの家にもどる場面でがまくんがお手紙を待っているかなと思ったら、お昼寝をしていたところです。
C 同じところで、待っててほしかったのにがまくんはお昼寝していたから。
C 眠くないのに、あきあきして寝ていたんだよ。
C がまくんのお昼寝ってすっごくおもしろいね。
T 他にもありますか。
C かえるくんが何度話しかけても、がまくんは言い返すところです。どんどん、がまくんが怒っていくのがおもしろいです。
C 「ばからしいこと、言うなよ。」のところがすごく

ぐに着目しているな。

➡かたつむりくんに頼むことによって、四日もかかることをかえるくんが予想していなかったことについて、根拠を挙げて話し合わせてもおもしろいが、ここは時間が無いので省略しよう。

➡なるほど。お手紙を待っていてほしいかえるくんの気持ちと、お昼寝をしているがまくんの行動とのずれのおもしろさだ。

➡おもしろさを感じさせる「しかけ」である「繰り返し」に気付いているな。かえるくんの行動の「繰り返し」に目を向けている子もいたぞ。

怒っている。おもしろい。

C 「何度も」で思ったんだけど、かえるくんが何回も窓から郵便受けを見るところもおもしろいよ。

C かえるくんがお手紙のことを言ってしまう場面で、内緒にしていたお手紙のことを我慢できなくて言ってしまったのがおもしろいと思う。

T そこは、みんなかえるくんの優しさだと言っていたけど、おもしろさもあるの。

C はい。言いたいけど、内緒にしないといけなくてずっと我慢していたけど、もう我慢できないってところが、すごくおもしろい。

T みんな、その場面はもうかえるくん、我慢できなくなっていると言っていたよね。

C そこなんだけど、まだおもしろいところがあって、かえるくんはお手紙のこと言っちゃって「しまった」と思っているはずなのに、がまくんは喜んでくれましたよね。だから、「しまった」と思ったはずなのに、がまくんが喜んでくれたからほっとしているところが、おもしろいです。

T 前の学習では「優しさ」を見つけながら読んだところに、今日は「おもしろさ」を見つけることができた

➡やはり、「繰り返し」は、子どもたちにおもしろさを感じさせる「しかけ」になっている。

➡ここは授業の中で「優しさ」で読んだ場面だ。

➡行動や会話の背景にある「優しさ」で読んだ叙述を「おもしろさ」の観点でも読めることをもっと引き出そう。

➡かえるくんの心の動きを想像した意見だ。読者だけでなく、かえるくんにとっても、予想外の結果となったことにおもしろさを感じているんだな。

ね。みんなが、くすっと笑ったところにはお話を読む人がおもしろいと感じる「しかけ」が隠されています。「がまくんとかえるくん」シリーズを読むときに、おもしろさの「しかけ」を見つけながら読むのもいいですね。

本時は、最後の場面から感じる「おもしろさ」をきっかけに、物語全体の「おもしろさ」を見つけるという課題について考えさせました。最後の場面で、かたつむりくんが四日もかかったところは、初読の感想時も見つけていたので、当然出ることは予想していましたが、子どもたちは挿し絵のかたつむりくんの得意気な表情に着目して、「すぐやるぜ。」とつなげながら、かたつむりくんの人物像や行動のおもしろさにも気付いていきました。

第四時まで「優しさ」という観点で読んでいた物語に、「おもしろさ」という違う観点を与えることで、子どもたちは新たな反応を示しました。子どもたちは、かたつむりくんがお手紙を届ける「しかけ」、かえるくんとがまくんの会話のやりとりやかえるくんが窓の外の郵便受けを気にする行動が繰り返されていること、お手紙のことをとうとう言ってしまったかえるくんの葛藤とその結末など、物語が持つユーモアや「しかけ」について気付いていきました。

本教材の場合の「おもしろさ」という、教材の「価値」に関わるような観点を与えて考えさせることも、大切にしたいものです。

【終末段階で子どもたちが書いた「お手紙」のおもしろさの例】

●今日見つけた「お手紙」のおもしろさは、四日たってかたつむりくんが来たところでした。わけは、「まかせてくれよ。」「すぐやるぜ。」と言ったのに、四日もたってがまくんの家についたからです。

●今日見つけた「お手紙」のおもしろさは、かえるくんがお手紙を書いたらすぐもどるから、がまくんにまっててほしいのに、がまくんがお昼ねをしていたところが、おもしろかったです。

●今日見つけた「お手紙」のおもしろさは、かえるくんは、かたつむりくんに「ゆうびんうけに入れてきてくれないかい。」と言ったけど、かたつむりくんはとくいげに、どうどうとお手紙をわたしているところがおもしろかったです。それと、さいごの場めんの「長いことまっていました。」のところで、がまくんはお手紙をまつのをあきらめかけていたのに、けっきょくかえるくんといっしょにまてたところも、おもしろかったです。

第3次

「行動や会話から人物の心情を読む」という読み方を生かして「がまくんとかえるくん」シリーズの他の物語を読み、見つけた優しさを書きまとめ、友達と紹介し合う。

第1・2時

「がまくんとかえるくん」シリーズの十の物語から一つ選び、「優しさ」を紹介する文章を書き、発表会を開く。

指導目標

○行動や会話から読み取ったかえるくんとがまくんの優しさや物語の「しかけ」としてのおもしろさを文章に書きまとめ、互いに紹介し合えるようにすること。

お手紙

めあて
シリーズを読んで、見つけたやさしさをしょうかいしよう。

見つけたやさしさ	春がきた
・「それじゃ、それまでぼくさみしいよ。」	
・大いそぎで、はしっていった。（やさしさ）→いっしょに春をかんじたい	

課題の共有

「がまくんとかえるくん」シリーズの十の物語を読んで見つけた優しさを紹介するという見通しをもつ。

よていひょう	ぼうし	クリスマス・イブ	おちば	おはなし	クッキー	ひとりきり	アイスクリーム	あしたするよ
・風でとんでいったよていひょうを自分のではないのにおいかけた。（やさしさ）	・がまくんにないしょで、ぼうしをちぢませた。（やさしさ） ・「大きいことを考えるといいよ。」	・なかなか来ないかえるくんをしんぱいしている。（やさしさ）	・がまくんにないしょでおちばかき。↔（やさしさ） ・かえるくんにないしょでおちばかき。	・ぐあいのわるいがまくんのためにあついおちゃを入れた。 ・元気になるお話を考えた。（やさしさ）	・かえるくんのために、クッキーをつくった。（やさしさ） ・さいごは、クッキーを鳥にあげた。	・がまくんが、かえるくんのために｛アイス・ティー／サンドイッチ｝をつくった。（やさしさ）	・ふたり分のアイスを買いに行くところ。（やさしさ） ・ふたりでいっしょにアイスを食べた。	・「あしたするよ。」と何ど言われてもやさしく話しかけるかえるくん。（やさしさ）

考えの発表

自分が選んだ物語から見つけた優しさについて根拠となった本文のことばと理由を紹介し合う。

→ **深める問い**

板書をもとに「自分が見つけた優しさと友達が見つけた優しさを比べてみましょう。」を問いかけ、どの物語にも共通することについて話し合わせる。

→ **考えのまとめ**

話し合ったことをもとに「がまくんとかえるくん」シリーズで見つけた優しさについて自分の考えをまとめさせる。

これまで、場面の様子を想像したり、挿絵、会話文を中心に話の展開を読み取りながら、かえるくんの行動や会話の背景にある心情（優しさ）について授業を行ってきました。

子どもたちは、単元を通して「アーノルド＝ローベルの『がまくんとかえるくん』シリーズを読んで見つけた優しさを紹介しよう」という課題をもって他の物語を並行読書してきています。

同じシリーズの物語の紹介文を書かせるねらいは、「お手紙」の学習で身に付けた「行動や会話から人物の心情を想像する」という読み方を生かすということです。また、お話は違っても、かえるくんとがまくんという共通の登場人物がいることや、二人の行動や会話によって話が展開すること、行動や会話の背景にある人物の心情などが共通していることも感じさせることができると考えます。

【導入場面】

授業の実際の様子	教師の思考の流れ
T　「お手紙」の学習をしながら、「がまくんとかえるくん」シリーズの十のお話を読んできましたね。他のお話にも優しさが分かるところがありましたか。	⬇本時の活動について予告をしていたから、子どもたちも並行読書をして、準備ができているようだ。
C　はい。たくさんありました。	
T　お手紙で学習したのは、どんな読み方でしたか。	⬇まずは、読み方を確認しておこう。

C　優しさを見つけました。
C　行動や会話から優しさを見つけました。
T　「がまくんとかえるくん」シリーズの他のお話もその読み方で読んでいけそうですか。
C　はい。
T　みんな十のお話を読んでいるので、大体のお話の内容は分かると思います。学習プリントを見てください。優しさの紹介文を書く時に、「誰々が～したことが優しい。」とか「誰々が～と言った言葉に優しさを見つけた。」のように、どの場面のどんな様子から優しさを見つけたのかを書いていきましょう。では、紹介文を書きましょう。
（子どもたちが一つ話を選び、優しさの紹介文を書く）

●ポイント
↓書き方について学習プリントに書き方モデルを示すことで、子どもたちも紹介文を書きやすいだろう。


子どもたちには、一つの物語を選択し、自分の見つけた優しさが読み取れた行動や会話を紹介させます。

一時間目は紹介文を書くことを、二時間目は優しさを紹介する発表会を開くことを目標にし、二時間の授業として計画しました。

単元を通して、十の作品を並行読書させていたので、読んでいない子はいませんでしたが、もし、全員がすべての作品を読んでいない状態で発表会をする場合には、それぞれの物語のあらすじを簡単に紹介することも必要です。
子どもたちが書いた紹介文の一部を紹介します。

【子どもたちが書いた「がまくんとかえるくん」シリーズの「優しさ」を紹介する文】

【春がきた】
「はるがきた」を読んで見つけたやさしさは、二つあります。一つ目は、かえるくんが、がまくんの家に行くところです。春になったから大いそぎではしっていっしょに春を楽しみたい気もちではしっているところが、やさしさだと思いました。二つ目は、「それじゃ、それまでぼくさびしいよ。」という会話のところです。がまくんが親友だからがまくんへのかえるくんのやさしさだと分かりました。やさしいと思ったわけは、がまくんと春を楽しみたかったからだと思います。

【よていひょう】
「よていひょう」を読んで見つけたやさしさは、二つあります。一つ目は、がまくんとかえるくんが二人でさんぽに行くところです。がまくん一人で行くんじゃなくて、よていひょうに「かえるくんとおさんぽする。」と書いていっしょにおさんぽするところがやさしいなと思いました。二つ目は、がまくんが書いたよていひょうが風でとばされたときに、かえるくんが「はしってって、つかまえようぜ。」と言ったところです。わけは、がまくんの大切なよていひょうをつかまえようとはしったからです。自分のためじゃなくて、がまくんのためにはしったところが、だれかのためにはしっていてやさしいなと思いました。

【ぼうし】

「ぼうし」で見つけたやさしさは、三つあります。一つ目は、かえるくんがプレゼントしたぼうしをがまくんがかぶると、大きすぎて目までかぶさってしまい、歩きにくそうだった時に、かえるくんが「べつのぼうしにとりかえるよ。」と言ったところがやさしいと思いました。わけは、そのまま歩いたりしてころんだり、あなにおちるのをしんぱいしているからです。二つ目は、かえるくんではなくて、がまくんのやさしさです。わけは、かえるくんが「べつのぼうしにとりかえるよ。」と言ったけど、がまくんは気をつかって「このままかぶるよ。」と言ったところがやさしいなと思いました。三つ目は、かえるくんがぼうしに水をかけてぼうしをがまくんのために、ないしょでちぢませたところです。がまくんにぴったりの大きさになるようにひみつでちぢませたところが、やさしいなと思いました。「ぼうし」のお話の中に、とびっきりのやさしさが見つかりました。

【クリスマス・イヴ】

「クリスマス・イヴ」で見つけたやさしさは、二つあります。一つ目は、「ぼく、しんぱいだな。」

とがまくんが言ったところで、かえるくんがなかなか来ないのでしんぱいになっているからです。さいしょ、ここはやさしさじゃないんじゃないかなと思っていたけど、何回も読んだのでしんぱいするのは、やさしいと分かりました。二つ目は、こんどはかえるくんのやさしさで、「やあ、がまくんおそくなってごめん。きみにあげるプレゼントをつつんでたものだから。」と言ったところです。わけは、おそくなったわけを教えてあげて、しんぱいしなくても大じょうぶだよと言っているからです。

おもしろさも一つありました。がまくんが、かえるくんが森にまよっているんじゃないかなとか、大きなけものに食べられているんじゃないかと思って、フライパンやあかりやつなをもってたすけに行こうと外に出ると、かえるくんがちょうどいたところです。「クリスマス・イヴ」には、たくさんのやさしさとおもしろさがありました。

【おはなし】

「おはなし」で見つけたやさしさは、三つあります。一つ目は、「がまくんはかえるくんにあついおちゃを一ぱいつくってやりました。」のところです。いつもよりとくに顔が青いからすこしでもよくなるようにあついおちゃをつくったのがやさしいと思いました。二つ目は、がまくんが、かえるくんに「おはなしをしてくれないかい。」と言われたから、かえるくんがぐっすりねてびょうきがなおるようにおはなしを考えてあげたのが、やさしいと思いました。三つ目は、がまくんがおはなしを考えるために、さかだちやかべにドンドンとぶつけてぐあいがわるくなってもおはなしをしてあげたのがやさしいと思いました。ここの、おはなしを思いつくために、かべにドシンドシンとぶつけたところがおもしろかったです。かべにあたまをぶつけてまで、おはなしを思いつこうとするがまくんってさいこうにおもしろいです。「がまくんとかえるくん」シリーズを読んで、やさしさがいっぱいありました。

【おちば】

「おちば」で見つけたやさしさは二つあります。一つ目は、かえるくんが「おちばをかきあつめてあげよう。」と言ってかきあつめてあげたことです。がまくんの家のまわりがきれいになったら、よろこぶと思っておちばをかきあつめてあげたのが、やさしさだと分かりました。二つ目は、がまくんもかえるくんの家のおちばをかきあつめてあげたことです。がまくんのかえるくんがよろこぶだろうと思ってかきあつめたのがやさしかったです。おもしろさも一つあります。それは、「おちばをかきあつめたらよろこぶだろうな。」とかえるくんもがまくんも同じことを思っていたところがおもしろかったです。

【クッキー】

「クッキー」で見つけたやさしさは、四つあります。一つ目は、がまくんがかえるくんにクッキーを作ったのがやさしいと思います。わけは、かえるくんのためにクッキーを作ってそれをかえるくんが「とてもおいしいよ。」と言っていたのが一つ目のやさしさだと分かりました。二つ目は、またクッキーを作って「これは今まで食べたことがない。」と言ったところで「今まで」というとてもすごいことばで言っているのがやさしいと思いました。三つ目は、がまくんが「もう食べるのをやめなくちゃ。びょうきになるよ。」と言ったところで、がまくんがぼくが作ったクッキーで友だちをきずつけたくないと言って食べるのをやめさせようとしたところです。さいごの四つ目はかえるくんが、クッキーぜんぶあげるよと鳥たちにあげるところで、今まではがまくんのやさしさばっかりだったけれど、かえるくんのやさしさもあると分かりました。

【ひとりきり】

「ひとりきり」で見つけたやさしさは、二つあります。一つ目は「かえるくんを元気づけてあげよう。」のことばから分かりました。がまくんは、かなしんでいるかえるくんを元気づけようとサンドイッチやアイス・ティーをつくったから、やさしいと思いました。二つ目は、かえるくんが「いまはきみがいてくれてうれしいよ。」のことばから分かりました。わけは、アイス・ティーが空っぽになったけど、ふたりきりですわっているかえるくんとがまくんは、親友だと思うからです。かえるくんが「朝ごはんをたべよう。」と言ってアイス・ティーなしで、ぬれたサンドイッチをふたりで食べたところは、すごくやさしいと思いました。

【アイスクリーム】

「アイスクリーム」で見つけたやさしさは、二つあります。一つ目は、がまくんがかえるくんのところへ行かなくちゃと言ったところが、やさしいと思います。わけは、アイスクリームがとける前にかえるくんのところへいそいで行ったからです。二つ目は、がまくんだけじゃなくてかえるくんもいっしょに、アイスクリームを食べたのがやさしいと思いました。「がまくんとかえるくん」シリーズにはやさしさがいっぱいありました。

【あしたするよ】

「あしたするよ」のあらすじをしょうかいします。がまくんは、ズボンをちらかしたままです。おさらは、よごれたままです。うわぎは、ちらかったままでふとんもちらかったままです。かえるくんは、がまくんに「ちらかっているよ。」と教えてあげます。でも、がまくんは「あしたするよ。」とさけびました。そして、がまくんはベッドにこしかけてしまいました。それでも、おこらずにかえるくんが教えているところが、やさしいと思いました。

【子どもたちが書いた学習後の感想】

●ぼくは、「お手紙」の学しゅうをして、やさしさとおもしろさを見つけました。読むときに、会話やこうどうに目をつけてかえるくんのやさしさも、音読して分かりました。友だちと分からないこともそうだんして楽しくべんきょうできました。はっぴょうするときに、友だちの考えにつけくわえたり、くらべたりしてもっとやさしさに気づくことができました。場めんのようすもそうぞうしました。「お手紙」でおもしろかったところは、二つあります。一つ目は、かたつむりくんががまくんにお手紙を口でわたしたところです。二つ目は、かたつむりくんが、がまくんの家につくまで四日もかかったところです。「お手紙」でいろいろなやさしさを見つけたから、つぎのべんきょうもがんばりたいです。

●「お手紙」で楽しかったことは、やさしさ見つけです。わけは、はじめて「お手紙」のお話を読んだ時、「かえるくんが大いそぎで家にかえって、お手紙を書いたことは、あまりやさしくない。」と思ったけど、みんなと話し合うとだれかのためにいそぐのは、やさしいと分かりました。つぎにおもしろかったところは二つあります。一つ目は、「長いことまっていました。」のところで、あんなにお手紙をまつことをあきあきしていたがまくんも、さいごまで手紙が来るのをまてたところが、おもしろかったです。二つ目は、かえるくんが「がまくんの家のゆうびんうけに入れてきてくれないかい。」とたのんだのに、かたつむりくんは、がまくんにお手紙を口でわたしているところが、なんでと思っておもしろかったです。「お手紙」は、心がじんとあたたまったり、くすっとわらったりするところがいっぱいつまったお話でした。

●がまくんが、一どもお手紙をもらったことがないんだと言ったから、かえるくんが、がまくんがよろこぶためにお手紙を書いてやさしいとこうどうや会話からやさしさを見つけました。やさしさを見つけながら何回も読んだり友だちと話し合えば、さいしょはやさしさじゃないと思っていたところにやさしさがあると分かりました。場めんのようすをそうぞうしたら、がまくんとかえるくんがどんな気もちで何をしているか分かりました。友だちの考えとくらべたり話したりしたら、やさしさがいっぱいつまった文しょうが書けました。「がまくんとかえるくん」シリーズでも、いっぱいやさしさを見つけました。そして、がまくんとかえるくんが、どれだけ親友か分かりました。

●ぼくは、お手紙を学しゅうしていろいろなやさしさを見つけました。どうやって見つけたかというと、かえるくんやがまくんの会話やこうどうをよく読んでやさしさをたくさん見つけて、たくさんみんなで話し合ってたくさんはっぴょうしたから、やさしさを見つけられました。お手紙にはおもしろさもありました。ほかにも、みんなで「がまくんとかえるくん」シリーズをたくさん読んでやさしさやおもしろさを見つけることができました。みんなではっぴょう会をした時に、「ほかのお話にもやさしさやおもしろさがたくさんあるんだ」と思いました。これからも、お手紙のようなやさしさがあるお話をみんなで学しゅうしたいです。

おわりに

十年近く前、私が広島大学附属小学校に勤務していた頃、当時広島大学大学院の教授でいらっしゃった吉田裕久先生に研究授業についてご指導を仰ぐ機会に恵まれました。

私は、授業で取り扱う教材を決めかねていたのですが、ご指導いただく日も迫ってきたため、その学年で多くの先生方が実践研究される文学教材（「重要文学教材」）で指導案を作成しました。そして、吉田先生の元へお持ちしました。私は、実践をやり尽くされた感のあるその教材についてあまりおもしろさを感じていないこと、誰がどう読んでも同じような読み方になり、曖昧な感じで授業が終わってしまう気がすることを正直に吉田先生にご相談しました。

しかし、それは私の思い上がりでした。私の悩みに静かに耳を傾けていた吉田先生は、穏やかな口調で次のようにおっしゃいました。

「そんなことはありません。しっかりと読んでください。そうすれば、おもしろさがわかりますよ。」

私にとっては、過去に何度も子どもたちに指導した経験のある教材でしたが、吉田先生のご指導をきっかけに、改めて教材を読み直してみることにしました。それも、今までとは全く違う読み方で。指導者としてではなく、徹底的に読者として読みました。そして、自分の中で曖昧になっている部分や疑問に感じているところについて、文章中のことばをばらばらにしたり並べたりして考えてみました。

すると、今まで気づかなかった解釈が、私の中に生まれてきたのです。誰もが「当たり前」に感じていたイメージが違って見えるようになり、ぼんやりとした物語の世界が、一気に鮮明になりました。「読めたつもり」になっていた自分に気付きました。研究授業では、その場面を扱い、子どもたちにも私と同じような「見えなかったものが見える」体験をしてもらいました。

吉田先生にいただいたご指導をきっかけにして、私は教材を読むときの「視点」を学ぶことができました。教材の内容やその特性が読めるようになると、指導すべきことが明確になり、方法も決まります。（「決める」のではなく、必然的に「決まる」のです。）子どもたちの発言に対する私の聴き方も変わってきました。授業づくりにおける教材分析の大切さを改めて実感した次第です。この場をお借りして、ご多忙の中、いつも温かいご指導をくださる吉田裕久先生に心より感謝を申し上げます。

国語の授業づくりの難しさを感じている先生方は、全国にたくさんいらっしゃることでしょう。国語の授業づくりに悩んでいる先生方、国語の実践研究を志す先生方にとりまして、本シリーズとの出合いが、「見えなかったものが見える」きっかけになってくれればと願います。

最後に、本シリーズの出版にあたって、企画段階から温かい指導と励ましをいただいた明治図書出版の林知里様に深くお礼申し上げます。

立石　泰之

【監修者紹介】

実践国語教師の会

【編者紹介】

立石　泰之（たていし　やすゆき）

1972年，福岡県春日市に生まれる。東京学芸大学卒業。福岡県公立小学校教諭，広島大学附属小学校教諭を経て，現在，福岡県教育センター指導主事。全国大学国語教育学会，日本国語教育学会会員。全国国語授業研究会理事。

【著者紹介】

星野　直樹（ほしの　なおき）

1980年，福岡県小郡市に生まれる。同志社大学経済学部卒業。佛教大学教育学部通信教育課程修了。現在，福岡県公立小学校教諭。日本国語教育学会会員。雑誌原稿として『教育科学　国語教育』への掲載がある。

［本文イラスト］木村美穂

国語科重要教材の授業づくり
たしかな教材研究で読み手を育てる
「お手紙」の授業

2017年9月初版第1刷刊
2021年10月初版第3刷刊

監修者　実践国語教師の会
©編　者　立石泰之
著　者　星野直樹
発行者　藤原光政
発行所　明治図書出版株式会社
http://www.meijitosho.co.jp
（企画）林　知里（校正）足立早織
〒114-0023　東京都北区滝野川7-46-1
振替00160-5-151318　電話03(5907)6703
ご注文窓口　電話03(5907)6668

＊検印省略

組版所　株式会社カシヨ

本書の無断コピーは，著作権・出版権にふれます。ご注意ください。

Printed in Japan　ISBN978-4-18-249512-0

もれなくクーポンがもらえる！読者アンケートはこちらから →

国語科授業サポートBOOKS

対話的な学び合いを生み出す文学の授業「10のステップ」

立石泰之　著

A 5 判・192 頁・2000 円＋税・図書番号 2158

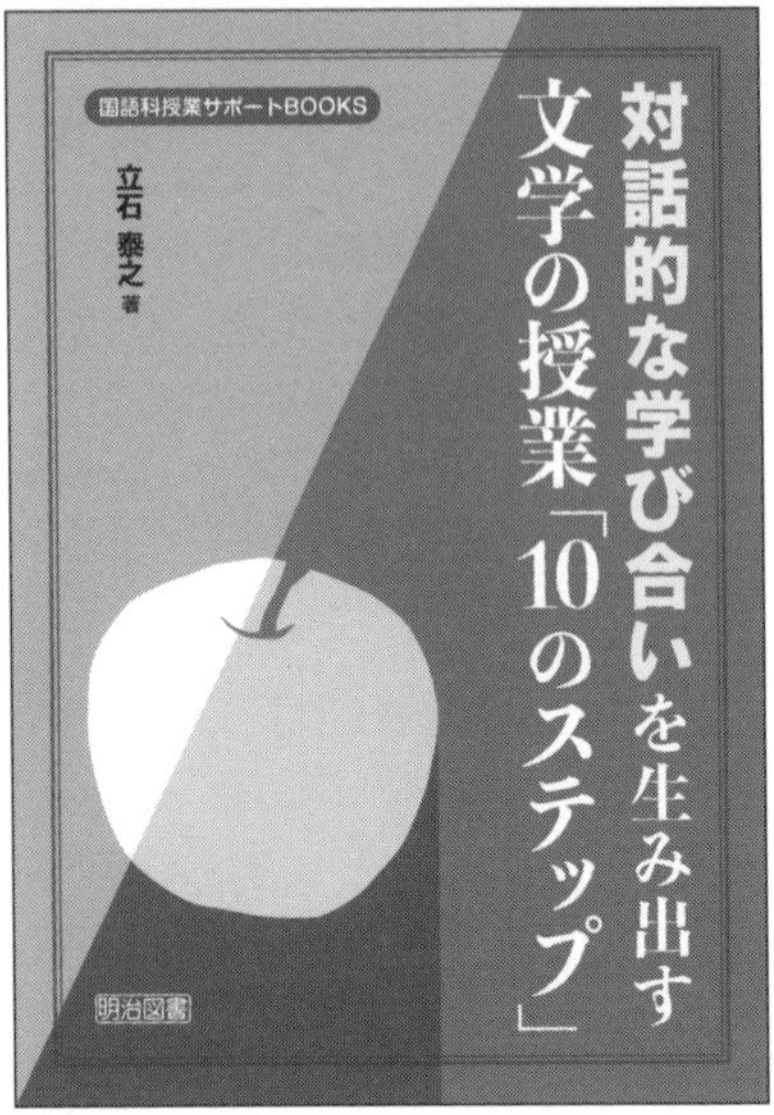

子どもが夢中で学び合う読むことの授業づくりに役立つ！

「読む」の理論をベースに、教材分析や単元構想、発問の組み立て方から導入・展開・終末の指導法、学びの振り返り方、学級通信の実例まで、主体的・対話的で深い学びを実現する、子ども同士が学び合うしかけを取り入れた文学的な文章（物語）の授業づくりを徹底解説。

授業づくりの段階に応じた 10 のステップ

ステップ 1	学び合う読みの授業イメージをもとう
ステップ 2	「読む」について理解しよう
ステップ 3	教材研究 1　教材を分析・解釈してみよう
ステップ 4	教材研究 2　指導方法を構想しよう
ステップ 5	教材研究 3　学び合いを生み出し、読みを深める発問を組み立てよう
ステップ 6	実践 1　導入場面　イメージを問い、子どもの課題意識を喚起しよう
ステップ 7	実践 2　展開場面①　ペアトークを通して自分の考えの根拠と解釈を明確にさせよう
ステップ 8	実践 3　展開場面②　全体交流を組織し、「深める問い」で解釈を深めさせよう
ステップ 9	実践 4　終末場面　自分の学びを見つめさせるまとめ・振り返りをさせよう
ステップ10	実践 5　子どもの学びをフィードバックし、学びへの意欲をさらに高めよう

明治図書　携帯・スマートフォンからは **明治図書 ONLINE へ**　書籍の検索，注文ができます。 ▶▶▶

http://www.meijitosho.co.jp　＊併記 4 桁の図書番号（英数字）でHP，携帯での検索・注文が簡単に行えます。

〒114－0023　東京都北区滝野川 7－46－1　ご注文窓口　TEL（03)5907－6668　FAX (050)3156-2790

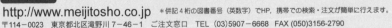